ニュートレーダー×リッチトレーダー

NEW TRADER, RICH TRADER

完全プラス期待システム

POSITIVE EXPECTANCY SYSTEM

スティーヴ・バーンズ＝著

オブリーク山岸＝編／訳

竹書房

New Trader, Rich Trader 2

Good Trades, Bad Trades

by Steve Burns

with Janna Burns

Published by BN Publishing

www.bnpublishing.com

info@bnpublishing.com

Japanese translation rights arranged with BN Publising
through Japan UNI Agency, Inc., Tokyo.

日本語版翻訳権独占
竹　書　房

〝株式投資は簡単には儲からない。
利益は勉学、規律、勇気、忍耐と
やりぬく意思を通じてのみ得られるのだ。〟

序　Foreword

スティーヴ・バーンズ氏とは光栄なことにここ数年親交を深めさせていただいている私だが、彼が投資本の傑作『ニュートレーダー×リッチトレーダー』の続編を執筆していると聞いた時は、非常に興奮したことを覚えている。スティーヴはことあるごとに投資初心者の抱える様々な問題や傾向について分析してくれていたし、それをわかりやすくユニークな表現で説明する類まれな才能にはいつも舌を巻く思いをしたものだった。

そんなわけで、スティーヴとジャンナに本書の序文を依頼された時、とても楽しくてかつ洞察に富んだ読書体験を得られるであろうことは最初からわかっていた。それが期待通りだったことは言うまでもない。

前作では、新米トレーダーが取引手法の開発やポジションサイズの調整、どの金融商品を取引するかなど基本的な事柄で奮闘していた。本書ではそれらは解決されているはずなので、読者は始め、シンプルに新米トレーダーが金持ちトレーダーになるその成功過程が語られているのだろうと想像するかも知れない。

新米トレーダーから金持ちトレーダーへと成功裏に移行できた者なら察知してくれると思うが、事はそんなに簡単なものではない。今回著者は新米トレーダーを、どう取引するか〝論理的に〟知っている状態から鮮やかにナビゲートし、たとえ資産が減る局面に遭遇しても、あるいは機会を逸したり、ショッキングな価格変動などがあったりしても、誤ることなくそのプラス期待システムのモデルを実行できるような状態へと連れて行こうとしている。スティーヴの他の著書でもそうだが、彼がこのビジネスにすでに精通しているのは明らかなのに、新米トレーダーが犯すであろうあらゆる間違いについて自分のことのようにリアルに思い出し、詳しく語ることができるという点には、いつもながら非常に驚かされる。

本書では、新米トレーダーが投資の勉強におけるハイライトに至り、一方で金持ちトレーダーはかつての痛切な失敗の記憶を呼び起こしつつ訳知り顔に距離をおいて微笑んでいる。あなたが新米トレーダーから金持ちトレーダーへの道程のどこに位置しようと、本書はアハ体験に満ちた必携の書と言えるだろう。スティーヴとジャンナには、本書の完成についておめでとうと伝えたい。本書を読む新米トレーダーの皆さんには、ぜひ自分の背中をポンポンと叩いて、自分を褒めてあげてほしいと思う。初心者からプロへと向かう旅路の途中に、この必要不可欠な素晴らしいアイテムを見つけることができたのだから。

『Trade Like a Casino』著者　リチャード・L・ワイスマン

目次

Part II
優れた投資手法を作るためのヒント

目次

Part Ⅲ

ゲームに留まるためのリスクマネージメント

はじめに　introduction

トレーダーには実際に投資に入る前に答えておかなければならない問がたくさんある。良い取引と悪い取引の間には多大な違いがあるのだ。良いトレーダーと悪いトレーダーとの主要な違いと言えば、良いトレーダーは一貫して良い取引を行い、悪いトレーダーは一貫して悪い取引をするということだ。良い取引は必ず儲かるというわけではないし、悪い取引であっても時には利益が出たりする。利益のある・なしは正しい・正しくない、あるいは良い・悪いの定義を変えたりはしないのだ。取引はそれを行った理由の質によって計られなければならない。トレーダーが一貫して自分の優位を市場に対して行使できれば、彼らは長期的に稼ぐことができるだろう。投資初心者にとって起こりうる最も悪いことは、彼らが悪い取引を行ったにもかかわらずそれが報われてしまうことだ。この短期的な勝ちは、結局は運が尽きて市場が変化することですべからく長期的な失敗につながるのである。

私が本書を書いた目的は、良い取引、つまり優位性が見込まれる取引プランの中でパラメーターに基づいて行われる取引と、欲望や恐怖、あるいは思い込みに基づいて感情的になされる悪い取引との違いを読者に示すことだ。長期的に見れば、トレーダーは彼らの取引の質によって、成功者と失敗者に振り分けられることになる。

悪い取引をするのは簡単だ。自分のその場の考えに基づいて決め、大量に取引し、損切りしないで、ただ保有して祈っていればいい。悪い取引はトレンドに抵抗する。それは大金をリスクにさらしつつ見込まれる利益は小さい。悪い取引における市場への参入と手仕舞いのシグナルとは希望的観測と恐怖心で、そこにはエゴが足を踏み込んできてストップロス注文の尊重を拒もうとする。

良い取引をするには労力を要する。正しい取引というのは必要とされる宿題をしたあとに初めて行われうるのだ。チャート分析や歴史的値動きの調査、パターン分析などを総合して検証実験するなどの宿題だ。市場では、価格はレンジ内での動きになるかあるいはトレンドを形成する。トレーダーにとっての仕事はこうしたパターンから長期的にどのように儲けるかその方法を発見することだ。値動きを見て取引するのは良い取引の最初の一端でしかない。リスクマネージメントと規律がなければどんな取引も良い取引にはなりえない。

本書を通じて、読者には様々な原則を知り、良い取引と悪い取引の違いを体感していただきたいと思う。

Part I

ゲームを維持するための精神管理術

〝ドラマチックで感動的な取引経験というのは、往々にしてマイナスの結果を生じる。希望や恐怖心、欲望と同じで、プライドというヤツは素敵なバナナの皮みたいなものだ。これまでで一番ハデにすっころんだのは、感情的にポジションを取ったすぐ後のことだった〟

——エド・シコータ

01

○ 良い取引は完璧なる自信のもとに特定の取引手法に従って行われる。
× 悪い取引はその場の思いつきで行われる。

〝勝つために決定的に必要なのは数学的なスキルではない。システムにどこまで執着して行動できるかの規律である〟

――ブレア・ハル

新米トレーダーは雨の中を歩いてやってきた。金持ちトレーダーの家の玄関までたどり着くと、ドアを2回ノックした。出迎えた金持ちトレーダーが驚いたことには、新米トレーダーはなんと頭からつま先まですぶ濡れの状態だった。

「傘一本買うお金もないのかね?」

「いいえ」と新米トレーダーは答えた。

「含み損になった時は傘を持たないようにしていて」

「まあ、そこじゃなんだから入りなさい。しばらくじゃないか」

そう言って金持ちトレーダーは彼を招き入れた。

新米トレーダーは濡れたコート、靴を脱ぎ、暖炉の脇で心地良い椅子に身を沈めると温かいお茶を飲みながら過ぎし一年に思いを馳せた。金持ちトレーダーはと言えば、ポロシャツにスラックス、カジュアルなローファーという出で立ちで、いつも以上にリラックスしているようだ。

「今日はなんでまたこのあばら家にわざわざお越しいただいたのかな？　ずいぶん久しぶりな感じがするが」

「ええ、まあその、あまりご迷惑にはなりたくなくて。なにしろ昨年は多くの時間を割いていろいろ教えてもらいましたから。取引で成功するための根本的な原則を全部教えてくれましたし、それであとはもう僕自身にかかっているんだと思ったんです」

そう新米トレーダーは謝意を込めて答えた。

「ほう、それでどうだったね？」

「昨年は口座資金の22％の運用益を出しました」と新米トレーダーは誇らしげに答えた。

金持ちトレーダーは失望の眼差しを向けた。

「運用益について聞いたんじゃない。どうだったか、と聞いたんだ。一年間の利益自体にはほとんど意味はないよ。純粋にランダムな結果かも知れないんだから。私が気にしているのは君自信だよ。君の規律、集中力、リスクマネージメント、ストレスコントロール、システム構築と運用スキルなどのことさ。それで、どうだったね?」と金持ちトレーダーはもう一度尋ねた。

「勉強勉強、また勉強という感じでしたね。現実に自分の資金を使って取引してみると、すでに自分自身について乗り越えたと思っていたことをまた目の当たりにするはめになりましたよ。失うことへの恐れ、大きく取引したいという欲望、相場を正しく当てたいというエゴですね。自分は市場の値動きに対してと言うよりも、むしろ自分のネガティブな感情に対して取引をしているような感じでした」と新米トレーダーは答えた。

「それこそ皆が通る道というものだ。教室から闘技場へと移動した新米トレーダーのね」

金持ちトレーダーは続けて言った。

「何かを証明したくて仕方ないわけだ。自分に対しても、他の誰かに対してもね。トレーダーにとってのゴールというのは、こうした衝動、だいたいは悪い判断につながるものだが、こうした衝動を抑えてその上のステージに行くことだ。それなのに、ほとんどのトレーダーは恐れや欲望、エゴに突き動かされ、彼らの資金はシンプルに価格変動に従う規範的なトレーダーの口座に移ってしまうことになる」

「まさにその通りですね！　取引をすればするほど思い知りましたけど、投資というのは数字のゲームというよりメンタルなゲームなんですね。自分で決めたはずのルールを書き換えようと、知らず知らずのうちに言い訳を作り上げてしまっていたこともありました。長い目で見ると結局は自分のパフォーマンスを損ねる障害でしかなかったですが」と新米トレーダー。

金持ちトレーダーは言った。

「優れたトレーダーになろうというのなら、そうした人々は取引時間外に調査と取引手法の改良に取り組んでいるものだ。逆にダメなトレーダーというのは、値下がりが続いてマイナスがかさんでいる時に、ただ居座ってなんとかプラマイゼロに戻したいと願っているような人だ。取引時間が終了したら、トレーダーであると同時にアナリストでもある君は、次に市場が開いた時にどうするかを決めなければならない。買うタイミング、売るタイミング、取引量の見極めなどは市場が閉まっている間に自分の中で決めておかなければならないことで、それは市場が開いている時に感じる恐れや欲望、エゴによる決定であってはならないんだ」

新米トレーダーが答えた。

「僕が犯した間違いというのは、自分の精神状態のコントロールについてなんです。それがトラブルの始まりでした。投資というのは自分が考えていたほど単純に楽しいものではないですね。利益は出たとしてもその後なくなってしまうかも知れないから、勝っている状態でもそれほど喜べないですし、そもそも損失が出ているともう手に負えない感じですし。市場はなりたいように動くわけじゃないですか。僕ができることと言ったら、設定していたストップロス注文を尊重し、損失の規模をコントロールすることくらいです」

「その通り。君はトレーダーであって、トレーディング自体ではないんだ。君は単純に当初のプランに従うだけだよ。投資というのは、最も優れた実践者であっても低い成功率しか収められないという数少ない特異な職業の一つだ。ほとんどのプロは、例えば医者や弁護士、エンジニアなどなんでもいいが、勝率という意味では莫大なものを要求している。医者にとっては、外科手術で失敗するという大惨事はあるかも知れないが、通常は問題ない。優れた弁護士なら手がけたケースの大部分で勝つことができるだろう。トレーダーは違う。トレンド追従型のトレーダーで最も優れた者たちで30％とか、あるいはそれより低い勝率の者もいるのだが、それでも損失すべてを合わせた金額よりも大きな勝ちでもって利益を上げる。

おかしなことにオプショントレーダーでは90％の勝率を上げながら最終的にマイナスで終わる者もいる。1つの損失が他の9つの取引で得た利益よりも大きいからだ。さらにはオプションの売り手で、大幅にレバレッジが効いているところでヘッジもないのに予想外の値動きが生じ、その1回の大損害で破産してしまう者もいる。高い勝率を誇るトレーダーというのは本当に珍しい存在で、そうした人々にしてもプラスでいるためには残りの取引で損失額を小さくしておかなければならないのだ。ほとんどのトレーダーは50％かそれに満たない勝率で、彼らの儲けはシンプルに勝ち金額が負けよりも大きいということから生じている。

多くのトレーダーに関して言えるが、他のどの職業と比べてみても野球のバッターに近いと言えるのではないだろうか。どんなに良いバッターであっても、ヒットを打って塁に出る確率は3分の1ほどしかない。バッターはいつバットを振るか、あるいは振らないかを最善の確率に賭けてそのプロセスに従って決めている。1試合で2三振したところで、第三打席に満塁ホームランを打ったならその前の三振なんて気にもならないだろう。一流のプロ野球選手なら三振の1つや2つで勝手に危機的状況に落ち込んだりしない。自分が何者であるか理解しており、長いシーズンの中で次の打席にどう向かうのかを理解しているからだ。投資キャリアと野球選手としてのキャリアの成功はどちらも長期的にどうしたらうまくいくかに執着することにかかっている」

「それが大変なところですよね。負けてまた負けて、つまり三振三振、また三振となった時に、自分のプロセスにしがみ付き続けられるかどうか。自分自身に対して、自分の取引システムに対して疑いが忍び寄ってくるじゃないですか」

金持ちトレーダーは答えた。

「そうだな。まずは新米トレーダーに必要な燃料とでも言うべきものを確認しよう。トレーダーが実際に成功するために必要な燃料だ。それは、意欲、情熱、信念、リソース、それと知識だ。このうちの一つでも要素が欠ければ、成功への架け橋を渡ることができないかも知れない。

意欲はまさしく君が何を欲するかだ。極端な話、目標を設定すれば、その時から欲するものを手にする確率は上昇していく。投資家として成功するため、意欲は必要な仕事をこなすためのエネルギーになる。

情熱は調査研究を行うエネルギーになる。何度も試験運用し、自分のための最適なシステムを発見するまで留まることを知らない情熱。情熱は忍耐にとっての糧だ。忍耐さえ十分にあれば、目標までを隔てるのはあとは時間だけということになる。

信念について言うと、信念に従えば君が何かを始める前から結果がわかっているとも言える。君は自分がどうなりたいか知っているし、そこへ到達するために努力したいと考えているだろう。信念は非常に強力な力だ。人生において自分が信じた通りになったことは何度もあると思うが、それは自分自身の行動のおかげであり、自分がそうなりたいと思うところへ君の無意識が連れて行ってくれるのだ。

投資家が旅を成功に導くにはさらにリソースを持っていなければならない。まず最初にゲームに参加するために必要な資本がなければならないだろう。相応しい指導者につくべきだろうし、同じ志のトレーダー仲間も必要だろう。失敗をやりくりして成功へと達するための精神的な強さというリソースも必要だ。また、勉強を続けることで知識も磨かなければならない。成功した投資家の研究、チャートの研究、値動きのチェック、リスクマネージメントの研究などだ。良き指導者は市場で取引するための根本的な知識の構築を手助けしてくれるだろう。とは言え、彼らは泳ぎで言えばどうやって泳ぐかを見せたり話したりして教えてくれるだけだ。川を実際に泳いで渡るのは君自身だ。

……それで、正しいフォームを身につけて泳いでいながら、どうしていつまでもトラブルを抱えたままなんだい？」

新米トレーダーは困惑した面持ちで金持ちトレーダーを実に3分ほども見つめ、ようやく口を開いた。

「溺れるんじゃないかという恐れ、波が怖いとか……そもそも自分が上手く泳げているのかという恐れでしょうか」

「では、システムに従って取引する上でいつも問題が生じるとして、それは君の心の中の問題なのか、選び取った取引手法のクオリティに問題があるのか、どっちだろう？」と金持ちトレーダーは尋ねた。

新米トレーダーはまたじっと考え込んだ、それからこう答えた。

「僕が問題なんでしょうね……。と言うか、自分の思考と感情をコントロールできていないということがすべての問題の根底にあるんだと思います」

「トレーダーというのは、取引システムにおいて最も弱い接合部分と言える。トレーダーは、運用している取引システム以上に、成功するか失敗するかの究極的な決定因子なのだ。一旦、堅固なシステムが選ばれたなら、そこで継続的にポジションを取ったりクローズしたり、リスクマネージメントしつつ規定に則って取引を続けることがトレーダーとしての技術を磨くことになる。これこそが投資の成功へとつながる道だ。これこそが多くの投資家が探している聖杯、究極的な成功法であり、それでいて多くの人々が理解できないことなのだ」

そう金持ちトレーダーは断言した。

新米トレーダーは椅子に座り、空のカップを手にしたまま考えにふけった。暖炉でパチパチと薪がはじける音がする。金持ちトレーダーの説明を聞いていると実に簡単なことに聞こえる。それなのに現実の資金が関わった途端、こんなにも話が難しくなってしまうのはなぜなのだろうか。

トレーダー伝 01
Legendary Traders

ブレア・ハル

Blair Hull

［1942年9月3日〜］

米国の投資家。大学卒業後、製造業で働く傍らカジノのブラックジャックを研究して数学的な必勝システムを編み出した。1970年代にラスベガスのブラックジャックで勝ちまくり、その利益2万5,000ドルを元手に証券市場へと進出する。1985年に投資会社ハル・トレーディング・カンパニーを設立。フロアトレーダーが手振りで立会い取引をする市場が多くある時代に、ソフトウェアを用いた大量取引を国内外の市場で手がけた。最盛期には米国市場のインデックスオプションの７％以上、株式オプションの３％以上、ニューヨーク証券取引所の日中の総売買高の１％を占めるほどの取引を行っていたという。1999年にブレア・ハルは同社をゴールドマンサックス社に5億3,100万ドルで売却した。また、政治家としても活躍し、2004年にはイリノイ州合衆国上院議員に民主党から立候補したが、予備選で後の第44代米国大統領、バラク・オバマ氏に敗れている。

02 ○良い取引はルールに従って適切な取引量で開始される。×悪い取引は市場で失った資金を取り戻そうとして開始される。

〝これから犯すであろう投資における過ちのうち95％――そのせいであなたのすぐ目の前で資金が蒸発することになるのだが――それはあなたの過ちに対する態度、金を失うことに対する受け止め方、機会を逸し、金をテーブルの上に放置するようなあなたのその姿勢に端を発している〟

――マーク・ダグラス

「すぐに戻るから」

社内ミーティングに参加していた新米トレーダーはそう言って席を立った。

マネージャーの一人は立ち去る彼に向かって、知っているぞと眉をひそめて見せたが、彼にはそれを気にしている余裕はなかった。株価が落ちている、彼の頭にあるのはそのことだけだった。

この1時間でもう3回目になるが、彼はスマホを取り出して株価をチェックした。普段はお気に入りのスマホだが、今はアプリのあまりに小さいボタンにイライラとする。

株価はさらに1ポイント下落していた。彼の胃もズーンと下がった。手仕舞いだ！　彼の心の声は叫んでいた。これ以上、損しちゃいけない。シグナルなんて知らん、今すぐ手仕舞いするんだ！

彼はごくりと生唾を飲み込んだ。手のひらにじっとりと汗をかいている。取引プラン上は待ちだ。しかし、株価は一日中落ちっぱなしで、あと少しでストップロス注文の価格になる。

彼はやおら偏頭痛に襲われながらボタンをタップした。しかしもう遅い。彼は1300ドルを失った。もちろんそれに加えて手数料の損失だ。

一日が終わって帰り際にスマホをチェックしてみると、彼は思わず自分を殴りつけそうになった。いや、実際ほとんど手が動いたほどだった。なんと株価はあれから回復しており、もしプランに従っていたらプラス1000ドルの利益になっており、さらに上がりそうな勢いだったのだ。

バカバカバカ！　なにやってるんだ！　プランに従え！　恐怖心じゃない！

彼はいつものカフェに向かってドライブする間、ずっと顔をしかめっぱなしだった。

カフェは彼が金持ちトレーダーとよく落ち合う場所だ。彼は入るやいなや、師匠の姿を見つけ、こわばった笑顔で挨拶をした。

「来てくれてありがとうございます」

「いやいや、ここで食事するのが好きだからね。この辺じゃ一番おいしいコーヒーを出す店だ」

新米トレーダーはピリピリした気分を出さないように微笑んでみせた。

「それで、何か問題でも？」と金持ちトレーダーは尋ねた。

コーヒーをすすりながら、目でウエイトレスを探している。

「いや、なんでもないんですよ……その」と言って、新米トレーダーはため息をついた。

「またやっちゃったんです。また恐怖心に突き動かされて大金を失いました。でも、自分のシステムに従ってシグナルを待っていれば、むしろ利益が出ていたのに！」

金持ちトレーダーは首を振った。

「しかしね、それは一番重要なことじゃない。実際に金が得られたか失われたか、それは問題じゃないんだ。これは規律の問題で、感情的な衝動をどうコントロールするかの問題なんだ。そして今回のケースは、なぜシステムに従わなければならないかを示す究極的な例だと言ってもいい」

「ええ、そうですね、まあ……」

そう言って新米トレーダーはため息をついた。ぐるぐるといつまでもコーヒーをかき回し、金持ちトレーダーは気を利かせてもう一杯注文してやろうかと思ったほどだった。

「いや、今回はもう……その、損をしたら、いったいどうやってそれを受け止めるんです?」

「そうだな、まずは自分が市場の動きを予想なんてできないということを認めることかな。なかなか大変なことだよ」

そう言って金持ちトレーダーは楽しげに話し始めた。

「以前、まさにこのカフェに座って株価が上がったり下がったりするのをチェックしていたことがあってね。その時は自分が何時間もかけて作った取引プランがあったのに、それよりも自分で見て予想できると考えていたんだな。自分はマーケットを知っていると。市場がショートしろ、つまり売りに回れと叫び声をあげていても私は支持線で買い続けて、その支持線が何度も破られているのにまだ買いをやめないなんてこともあったな。でもそうなると、その取引は全面的に希望的観測によるものでしかない。入念に考えられたものとは言えないんだ。自分の予測というより憶測だな、それと自尊心とが実際に起きている現実を書き換えてしまったんだ」

彼はそう言ってコーヒーをすすった。

「それに、損というのがいったい何なのか考え直す必要があるな。**私にとっては損とは金を失うことじゃない。損するというのはイコール〝自分の取引プランに従わないこと〟なんだ**」

新米トレーダーは罪悪感に歪んだ笑みを浮かべた。

「そういう意味では、私が損をするというのはもはやほとんど稀なことだ。金を失うことはあるかも知れないが、それで自信を失うことはない。……ああ、ありがとう、ジェーン」

いつものウェイトレスが笑顔を浮かべて、二人に本日のスペシャルメニューを運んできた。いつも通りソースは抜きだ。

「調子はいかが、お二人さん？」

彼女はそう言って、いたずらっぽそうに新米トレーダーにウィンクをしてみせた。

「彼女、なかなかかわいいじゃないか？」

金持ちトレーダーがからかうようにそう言うと、新米トレーダーはあわててしかめ面をした。

「僕だって恋人くらいいますよ。それはともかく、どうやったら連戦連敗の状況を立て直せるかですよ。損……というか利益にならない取引、とでも言いますか……」

そう言ってむしゃむしゃと料理を食べた。

「そうだな、私だったらポジションサイズを減らすことから始めるかな。取引量を減らすということは、金を失うとしてもより少ない金額に収まるということだし、最小取引単位であれば、負け続きの状況でリスクにさらされる資産が最小化できているということだ。そして、また勝ち始めたらポジションサイズを徐々に膨らませれば良い。値動きが激しくて不安定だったり、レンジ内で不規則に値動きしているような相場であれば、私ならリスクを負うとしても非常に少ない金額にする。もしくは資金全額を現金のままにして、抵抗線の突破か上下のトレンドが現れるまで待つようにするかな。重要な価格レベルからの反発で、そこからの上昇が高い可能性で見込めるのなら、買いに入ることもある。いずれにせよ、急いで何かに飛び付くことはない。投資していればいつかはまた参入するんだ。慌てて損する必要なんてない。投資活動の多くの場面は忍耐と衝動の間のせめぎあいとも言える」

「うーん……確かにそうですね」

新米トレーダーは料理を見つめながら今言われたことをじっくり吟味した。

「うん、その通りです。ポジションサイズの視点でそういったことを考えたことはなかったですね。投資初心者は皆、株価が下がって損をすると、取り戻そうとして買い増ししてしまいますが、あらゆる面で自分を傷つけるはめに陥るんですね。経済的にはもちろんのこと、精神的にも感情的にも。煙が出始めたら熱を下げなければならないという道理ですね」

金持ちトレーダーは少し感心して微笑んだ。

「その例えはちょっと上手いな」

気を良くした新米トレーダーは続けて言った。

「炎を掻き立てていたのは自分の熱くなった感情でしかない。そのせいで焦燥感に駆られイライラしていたわけですが……それで、自分をクールダウンさせるにはどうしたらいいんでしょう?」

「その熱い感情、情熱というのはそれが最も有効に活用される局面に向けられなければならない。それは金融市場の調査とか、取引システムに改良を重ねる時とか、あるいは自宅で勉強するような場面なんだ。リアルタイムで取引している時には、実は情熱や意欲というのは最も必要とされない要素だ。意欲というかこの場合は欲望だね。情熱と欲望は不適切に用いられると、君を焚きつけてもっと大きなリスクへと押しやってしまう。冷静で合理的なトレーダーはその意味では最高のトレーダーだ。そうしたトレーダーは焦らないし、何かが起きてほしいといった考えを持たない。いいかい、**何かが起きてほしいと思うというのは、実は非常に危険な状態なんだ。**我々は市場に我々の望む通りの動きをするように強いることなどできない。我々にできることはただ観察し、待つだけなんだ。だから無駄なところにパワーを使ってはいけない。市場が閉じて現実の資金がリスクにさらされていないところでその力は発揮するべきなんだ」

新米トレーダーはうなずいた。

「わかったかな?」と金持ちトレーダー。

「ええ、もちろんです。あなたが教えてくれることはすべてよくわかるんですが……ただ、簡単には身につかないというか」

「まあ、そうだろうな」

金持ちトレーダーは慈愛のこもった笑顔を浮かべて言った。

「それではトレーダーが正しいプロセスに従って取引をしたとしよう。そうすると、勝つか負けるかというのは彼らのシステムに従う能力でもって完全に定義されることになる。そこがキモなんだ。トレーダーというのは、出した投資の結果とか収支決算が示すようなものではなく、彼らの取引システムに何が起こっているかの目撃者であるということなんだ。損失が出ればそこにはシステムを探求しようとする好奇心が生じるだろうが、イコール信頼の失墜ということにはならない。そこが理解できれば、そのトレーダーは大多数の投資家とは一線を画し、メンタル面で完全に優位に立つ少数のトレーダーへと歩みを進めることができる」

新米トレーダーは食べ終えて、ナプキンを皿の上に置いた。

「投資というのは、短期間の利益だけで云々できるものではないんだな……」

彼はそう呟いてしばし考えにふけった。

「利益はトレーダーの首尾一貫した行いから生じるもので、それは一日であろうと、一週間、一か月、あるいはこれまでの人生のすべてにおいてであろうと同じなんだな」

「その通り」

そう金持ちトレーダーは言って、コーヒーをすすった。

「トレンド追従型を極めたトレーダーはトレンドがあるところで結果を出す。オプションの売り手は権利行使価格に到達しないところで利益を出す。平均価格への回帰をコンセプトにした平均法のトレーダーはレンジ内を動く銘柄で利益を出す。これらはみんなトレーダーが利益を上げているのではない。取引システムなんだ。我々のトレーダーとしての仕事はこうしたシステムを構築することであり、日々変化する市場環境の中でも一貫して従っていける方法論のもと、取引をするということなんだ」

金持ちトレーダーは満足げな笑みを浮かべて続けた。

「そして、星回りが良くなったところで一杯に貯まった金を回収するというわけだ。

投資はその結果じゃない。プロセスだ。結果はランダムなものかも知れない。しかし、プロセスは堅実なものでなければならない。良い投資プロセスにトレーダーが確実に従っており、市場環境が仮に一時的に逆行したとしてもそこから足を踏み外すことがなければ、長期的には着実に資産形成できることになる」

「それでは、基本的には良いトレーダーというのは、堅実なシステムを発見した人で、かつ規律を保って注意深くその運用に当たれる人ということですね。それがすべてですか？　利益も損失も完全に僕らの手から離れていると？」

「もちろん、そうじゃないさ……。最初に決めておいたストップロスを尊重して損失の額を限定するのは、トレーダーが決めることだ。反対に勝っている時にトレイリングストップを用いて、その流れがいつ終わりなのかを決定させるとしたら、それもトレーダーが決めているということになる。あくまで、この辺が目標値だからと気まぐれに決めたり、反転しそうだからとふと弱気になったり、あるいは今ある含み益を失うのを恐れたりという感情に基づいて決めるのではなくね。それに、こうした決定はすべてあらかじめ取引プランの中に決めておかなければならないんだ。もちろん取引時間外にだ」

「それでは、取引プランが僕にとってのボスというわけですね？」と新米トレーダーは浮かない顔をして言った。

「まあ、ある意味ではそうだな。しかし、それは君が完全にコントロールしているボスだ。一方で、感情とエゴというのは君が必死に頑張って抑えつけなければならないボスとも言える」

新米トレーダーは尋ねた。

「なによりもまず自分はプランナーであると？」

食べ終えた皿がテーブルから下げられ、代わりにお勘定が置かれた。

「ふむ、多分それがパズルの最初のピースだろうな。君が投資で成功するかどうか、その最初に重要な因子は君が優れた方法論に基づいて堅実な取引システムを作り上げることができるかどうかだ。それができたら、そのシステムに沿って長期的に利益の上がる取引プランを練り上げる。最も難しい部分は、実際にできあがったプランに沿って、恐怖心や自尊心に阻害されることなく、そのプランを動くに任せられるかだ」

「なるほど」

そう言って、新米トレーダーはいつものようにチップをテーブルに置いた。

「それを聞いてうまく頭の中が整理できました。すぐ取り掛かってみます」

金持ちトレーダーは笑って首を振った。自分にもこうした時期があったことを彼はよく覚えていた。

マーティン・シュワルツ
Martin Schwartz

［1945年～］

“バジー”の愛称で知られる米国の投資家。1968年から1973年まで海兵隊に所属。その後、投資銀行E.F.Hutton社の証券アナリストになるが、10万ドルを貯めると辞職して個人投資家として活動を始めた。最初の年に上げた利益は60万ドル。翌年には倍増したという。目まぐるしくポジションを変えるデイトレードの手法で、一日で数百万ドルの利益を上げたこともあるとされる。1984年にスタンフォード大学が行ったトレーディングチャンピオンシップに参加し、他を圧倒する成績を上げて優勝した。

著作に『ピット・ブル ― チャンピオン・トレーダーに上り詰めたギャンブラーが語る実録「カジノ・ウォール街」(Pit Bull: Lessons from Wall Street's Champion Day Trader)』（パンローリング）がある。

03

○良い取引はパラメーターの数値が出揃ったところで始まる。
×悪い取引は機会を逸する恐怖心から始まる。

〝本質的には、あなたが恐れているのは市場ではない。やらなければならないことが自分はできないのではないか、何かをする必要がある時に躊躇なくできないのではないかと自分の無能を恐れているのだ〟

――マーク・ダグラス

「じゃあ、それって本当にモノの見方だけってこと？　予想しているとかじゃなくて？」

またか、と新米トレーダーは思った。また同じことの繰り返しだ。彼女はぽかんと虚ろな目をして首をかしげるが、彼が取引を成功させるとこう言うのだ。

「あら、すごいじゃない。株式投資でこんなに稼げるなんてすごいわ」

そう言われても彼は気だるい視線を返すだけだ。稼げるなんて言ったことはないし、言われたくもない。しかし、彼が投資のことを話し始めるとほとんどの人はすぐにうわの空になってしまうようなので、彼女のこうした反応も無理はないのかも知れない。

「そうだね」

「いつか仕事を辞めてフルタイムで投資できるわよ、きっと！」

「うんまあ、そうなればいいかな。パジャマを着て仕事だ！　なんてね」

そう言って彼は笑ったが、彼女の表情を見るとどうもこの冗談は気に入らなかったようだ。

「そうすればもっと大金を稼げるじゃない。どうしてすぐにでもしないの？」

それはもう何度も話し合ったことだった。

「なぜって、損をしたら補えるように安定した収入がまだ必要だと思うからだよ。まだ投資一本でやれるような気がしないんだ」

彼女は目をくるくる回した。

「安値で買って、高値で売る……そんなに難しいことじゃない気がするけど」

そう言われて、しばし彼は絶句した。

「じゃあ、君もやったらいい」

「証券口座を開くようなまとまった資金なんてないわ。それにすっごく複雑そうだし。でも、あなたはチャートとかいろんなことがわかっているんでしょ？　そしたら株で頑張って稼いだらいいのに！　あなただってそう言ってたでしょ」

「いやいやいや、そんなに単純な話じゃないんだって！　君はいったい、僕の話していたことをちゃんと聞いてたの？　そもそも運用には規律を保つことが必要で……うーん、わかっているのかなあ」

新米トレーダーはため息をついて言った。

「いや、よそう。議論したって仕方がない。それにランチの待ち合わせに遅れちゃいそうだ」

「へえ、そうなんだ」

「えっ、なに？」

「金持ちトレーダーに会いに行くんでしょ？」

「そうだよ」

彼女は不満げに視線を逸らした。

「好きにしたらいいわ」

「ええっ？」

信じられない気分のまま、新米トレーダーは彼女を横目に家を出た。

なんなんだ、女ってのはもう。

彼がいつものカフェに着くと、金持ちトレーダーはジェーンと何か話して笑い声をあげていた。新米トレーダーの姿に気付くと彼女は笑顔を浮かべて言った。

「いつものでいいかしら？」

彼はぎこちない笑顔を返してうなずいた。

スティックシュガーが2本付いたコーヒーが即座に運ばれてきた。

「さてさて、素晴らしい午後だね。調子はどう？」

金持ちトレーダーがコーヒーをかきまぜながら言った。

「問題ないです。万事解決に向かってますよ」

「ああ、投資する時のメンタルの問題だったかな？」

新米トレーダーはうなずいた。

「そうか。そう言えば昨年の一番の失敗というのは何だった？」

「えっと……僕には忍耐が足りなかったと思います。買いシグナルが出るまで待てなかったり、シグナルが出てしまったあとで、遅れて買いに入ったりしました。それでうまくいくこともありましたが、そうでないことのほうが多かったですね」

金持ちトレーダーは笑って言った。

「良い取引というのはバスに乗るみたいなものだよ。一本逃してしまったら、次のバスが来るのをただ待つしかないんだ。この世界にバスが大量に走っているのと同様に、取引開始のポイントは数えきれないほどある。買いシグナルで投資は開始されるが、その水準から離れれば離れるほど、そこに後追いで参入することのリスクは増大する」

「そうですね。参入タイミングを逃すと、往々にして一段の値動きを逃すことになりますよね」

食事が運ばれて来て、新米トレーダーはありがとうとウェイトレスに言った。

「トレンドが本格的に始まったとしても、直近の支持線へと調整が入ることでたいていはもう一度参入するチャンスは生まれるものだ。**長期的に見れば、忍耐は大胆さよりもトレーダーにとってより利益となりうる。**最も成功する確率が高い参入ポイントだけで一貫して取引を続けることができるかどうかは、トレーダーが長期的に成功するための一つの重要な要素だ。すでに出発ゲートから出てしまった相場を追い続けたりしたら、確実に資産をすり減らすはめになるだろうな」

そう言うと金持ちトレーダーはコーヒーをすすった。

「大多数の新米トレーダーがなぜこれが実行できないかというと、彼らにとっての買いシグナルが感情に基づいているからだ。彼らは値動きに乗り損ねるのを恐れる。それですでに動き始めてしまった株価を追いかけて参入することになる。日がな一日値動きを見ていると、どうしても誘惑に駆られて見ていられずに買ってしまうんだな。そして、この勝つ確率の低い参入ポイントは多くの場合、他の的確な価格帯で参入したトレーダーたちにとって利食いして撤退するレベルなんだ。だから上昇がそこで終わって、株価が反落することになる」

新米トレーダーはうなずいた。

「あるいは買いに入るべきところで空売りしたりする……」

「そうだ。空売りする時の間違ったタイミングの典型は、株価が抵抗線を突破して過去最高値を更新していく時で、投資初心者はまさにそこが売り場だと考えてしまう。初心者が見抜けないのは、そこで株価がレンジ内の動きから抜け出てトレンドを形成し始めたということで、それで買うべきところで売りに回ってしまうわけだ。以前のレンジ内での売り手が買い手によって打ち負かされたことでそこにシグナルが現れ、そうなると買いが広がって株価は新しいレンジを探ることになり、それが形成されるまではトレンドを描く動きになる。最高値で売るという行為はたいていの場合、エゴに基づいた取引であり、それというのも投資初心者は自分は最高値で売ったんだと誇りたくて仕方がないからなんだ」

新米トレーダーは頬張っていた食事を飲み下して言った。

「相場に参入しようとした時、あるいは手仕舞いをしようとする時に、なぜこんなに様々な感情が表に噴き出してくるのか不思議なくらいなんです。恐怖心や欲望、あるいはエゴが押し寄せてきて、そうした感情のせいで、あらかじめ決めていたはずの取引プランからいつも逸れてしまいそうになります」

「そうだね。しかし、君が決めていた取引プランというのは、長期的に利益を上げるために設計されたわけだろう？　一方で、感情は短期的なというか目先の損失から自分を守ろうとして生じるんだ。君が保有する株に含み益がある時に、それが含み損に転じてしまうのが怖くて、まさにその恐れという感情がそれを防ごうと君を突き動かす。しかし、君の取引プランは少額の利益ではなく大きな利益を目指している。あるいはまた、欲望が出ると価格が大きく動いたのを見てそれを追いかけるようにしてまだ儲けられると思ってしまう。そもそも君の取引プランは大きな動きが生じる前に参入するシグナルを出すようになっているはずだし、追いかけた値動きはもう終わってしまっていたりするのに。そして、エゴはさっきも言った通り、目先の値動きを正しく当てたいという思いを駆り立てて判断を誤らせてしまう」

「つまり基本的には、いつもと同じ結論ですけど、僕の主戦場はいかに取引プランに従って取引するかで、感情に従ってはいけないわけですね」

金持ちトレーダーは微笑んだ。

「そうだよ。……実にフラストレーションがたまるよな？　株の値動きに対して優位に立つ方法を見つけることは、それ自体が大変な仕事だ。そこに自分の感情と戦って勝とうなんていう難しさを付け加えてはいけない。何度も言うが、取引プランを作り上げることは投資の最も難しいところではない。プランができたらあとは辛抱強く規律をもって、そしてリスクマネージメントの意識をもってプランに従うことができるかどうかだ。それが勝者と敗者を分けるポイントなんだ」

「四苦八苦してリサーチを重ね、自分の取引プランを作り上げ、練り上げて、そうしたらその取引プランの命じるところに従え、ということですね。調査研究に従事する自分の中の理性的な部分がこうした仕事を全部こなし、その後はそれが指し示すところを行えるかどうかがトレーダーにかかっていると」

金持ちトレーダーはうなずいて言った。

「取引プランを破ってしまった場合、その原因となったものを根絶するようにしなければいけないよ。自分の内面を見つめ、なぜだ？　と問いかけるんだ。何が自分をパニックにさせて売ってしまったのか、あるいは相場を追いかけて衝動的に買いに入ったり想定以上のリスクを冒したりしたのはなぜか、負け組のトレーダーが一般的にするような過ちを、わかっているのに自分もしてしまったのはなぜなのか、とね。成功したければ答えを知っていなければならない」

二人はしばらくの間、無言で食事をとった。金持ちトレーダーが沈黙を破ってこう言った。

「投資で成功するための最も重要な要素を一つ挙げるとしたら何だと思う？」

「……セルフコントロールでしょうか？」

「その通り。投資している時に自分をコントロールできるかどうかにすべてはかかっている」

新米トレーダーは考えた。

「自分がコントロールできていないとしたら、自分の感情がコントロールしているということなんだろうな。衝動的な気分とか悪い癖、物事はこうあるべきという思い込み、あるいは闘争本能みたいなものだったり、自分で育て上げてしまったエゴが失敗しそうな時に抵抗したり、いや成功している時でさえ邪魔をする……」

金持ちトレーダーはうなずいた。

「今挙げたもののどれ一つとして本当の君ではないよな。それらに侵食されてはいけない」

「うーん……そうすると、僕自身というのは正確には何なんですか？」

「君はすべての目撃者だ。視点を変えてそれらをすべてそのものとして客観的に俯瞰して見るようにすれば、そうした感情が君自身になることはない。君は自分自身の意識の領域で起こることを目撃する意識体なんだ。それら感情の侵入を許して支配されてしまうか、そうでなければ客観的に見て自分の意志に基づいて判断する。君は自分の人生においてたどり着きたいと思うところへつながる判断もできるし、外部要因に影響されて行きたくもなかったところへ流されてしまうこともできる。これは選択の問題だ。自分でコントロールするか、外部要因の波にさらわれて意思決定を阻害されるままに押し流されてしまうか、どちらを選ぶかの選択なんだ」

「取引プランに従って注文を出すのはシンプルにその時点での取引でしかなく、そこに他の意味が何か付け加わったりはしないということですね？　幾つも取引する中でのただ一つの注文にすぎないと」

「その通り。一つの取引は一つの取引でしかなく、他のあらゆることから切り離して考えなくてはならない。取引は自尊心の戦いではない。君の将来の経済的状況を決めるものでもない。一つの取引は君の感情や人生になんのインパクトも与えるものではない。それはただこれから行われる百の取引のうちの一つでしかないんだ。百の取引と比べてその特定の取引により意味があるとしたら、それは君が大きすぎる取引をしているということになる。君のシステム上、相場が逆行した場合に損失規模が大きすぎ、一度に取るリスクとして過大になっているんだ。あるいは君がその日暮らしのために株に賭けていて、余剰資産を作ったり生活費を払わなければならないような時に株をやっている状況にあるとかだね」

「株取引はただ株取引でしかない、と。一つの取引をするのに、その内幕になんのドラマもあってはいけないし、結果としても損益以外の意味はないということですね」

金持ちトレーダーはうなずいた。

「そうだ。君が株式投資をするにあたって、**それが一取引だという以上に意味があるのだとしたら、君は何かを間違っていることになる。**それが何なのか見つけ出し、修正し、それから次へと進むんだ」

04

○良い取引は取引プランの流れの中で、すべからく利益を生む。
×悪い取引はすぐに大金を手にしようという欲望のもと行われる。

〝経験を積んだトレーダーはリスクをコントロールする。経験の浅いトレーダーは利益を追いかける〟

――アラン・ファーレイ

「今度はどうなったの?」

新米トレーダーはこれまで感じたことのない迷惑な気分を抱きながら恋人を見つめた。

「損したんだ」と彼は言った。

まあ、正直に言うのが正解だろう。

「また?」と彼女は眉間にしわを寄せて言った。

「言ったじゃないか、相場を学ぶには時間がかかるんだよ。それに、いつもいつも儲けられる人なんていない！」

「あら、じゃあ、やらないほうがいいじゃない！　ただお金を賭けてスッてるだけでしょ」

彼は頭をかきながらうーんと唸った。

「いや、違うんだ……ねえ、もうこのことで話したくなんてない」

彼女は不審そうに彼を睨むと言った。

「いいわ、私の言うことなんて聞かなくたって。一生懸命貯めたお金をそうやってギャンブルでなくしちゃえばいいのよ！」

そう怒鳴ると嵐のように部屋を出て行ってしまった。新米トレーダーは目をぐりぐりとこすった。時々、彼女は耐えられないほど彼を疲れさせる。なんだか彼がいろいろ試みるほど、すべては悪いほうに転がっていくようだ。

まるで最近の投資結果みたいだな、と彼は自嘲気味に考えた。このことで金持ちトレーダーと話したことを思い出した。彼はこんなことを言っていた。

「欲に駆られて注文を入れるのは悪い取引だ。君は常に可能性について取引しているのであって、どうなってほしいのかを取引で賭けているわけではない。トレーダーが相場に参入する際に用いる悪いシグナルは自分の欲に基づいている。手仕舞いする際の悪いシグナルは恐怖に基づいたものだ。参入するにしても手仕舞いするにしても、それは勝つ可能性という観点で形成されなければならず、どれだけ儲けたいかということではない」

不思議なことに、その話をしている時にウェイトレスのジェーンは皿を下げずにずっとテーブルの前に立っていた。

「自分なりの取引システムを構築するための調査研究を重ね、プランを練るのに好きなだけ努力を費やしていいが、取引を始めたらプランに従わなければならない。アスリートは研究と練習をやりたいだけやるが、実際のゲームに入ったらルールに従わなければ勝てないだろう。それと同じで自分で決めた取引ルールを破るとそのせいで君は負けてしまう」

確かこうも言っていた。

「株式投資はスポーツで言えば体力勝負のスポーツというよりは戦略や技巧を必要とするスポーツに似ている。ゴルファーは正しいテクニックと手法でもって勝利する。

一生懸命にいつも力をこめれば勝てるというものではない。君がダメなゴルファーだとしたら、練習や他の様々な努力は試合においてなんの意味も持たない。ただ悪い習慣を無理やり通そうとして時間と労力を無駄にしているだけだ。ゴルフと投資にとって本当に重要なポイントは正しいテクニックを用いるということで、それを規律をもってタフな精神で繰り返し繰り返し実行できるかどうかだ。成功というものは、勝てる原理を用い、それを長期間にわたって大成功するまで忍耐と規律をもって運用することで得られるのだ」

研究と学習、様々な努力は市場が閉まっている時に必要で、市場が開いている時に必要なのは規律とセルフコントロールであることを新米トレーダーは繰り返し自分に言い聞かせた。

「トレーダーは波の大きさをコントロールできないという点でサーファーにも似ている。サーファーにできることは波に可能な限り上手に乗ることだけだ。サーファーは日中の時刻や天候での波の変化を研究することで、波の予想について優位に立てるだろう。しかし、こうした研究努力をいくら積み重ねたとしても、最後は波に乗るだけだ」

お金を儲けたいと思う気持ちが、彼をして大きすぎる取引量を強い、あまりに大きいリスクを負うという間違いを犯させた。そして、忍耐が求められていたはずのところで場違いな努力を働かせ、待つべきところで注文を入れてしまうという間違いを引き起こしたのだ。

やはり、自分自身が取引システムにおける一番のウィークポイントだったのだ。自分にはアナリストとしての側面と、強欲なトレーダーとしての側面の2つの投資性向があるようだ。アナリストとしての側面では、自分はチャートを精査し、長期的に取引システムが運用できるかどうかじっくりとテストしている。非常に冷静で自制が利いている状態だ。そして、市場が開いて取引するのが楽しみな状態だ。

しかし、そこで一発逆転を狙う強欲なトレーダーが現れる。彼はたいして根拠もないのに他のトレーダーより自分は賢いと信じている。強欲なトレーダーはアナリストが考えた取引プランなど簡単に凌駕できると思っているし、好きなように取引できると信じているのだ。

強欲なトレーダーは、全権を任されたトレーダーのような誤った自信があるので、大きな取引をしたがる。たいていの状況下でその馬鹿さ加減ははっきり結果に出るのだが、それでも彼は大儲けをしようとトライし続ける。

新米トレーダーはこうしたアグレッシブな内なる強欲トレーダーを増長させている自分のエゴを抹殺しなくてはならない。この強欲トレーダーがいずれ自分の口座の金を抹殺してしまう前に。自分の預金口座を枯渇させようとしている恋人みたいなものかも知れない。

彼はため息をついた。彼はトレーダーとしてなんとしてでも成功したくて仕方がなかった。

さあ、今やすべきことはわかっている。彼はセルフコントロールと投資プロセスに集中し、結果はあるがままに任せるのだ。彼は結果をコントロールしようとすることなど諦め、プロセスの中での自分の役割に集中するべきなのだ。

彼が本当に集中しなければならないことは、リスクマネージメントと投資手法に従うこと、さらにメンタル面で規律を保つことであり、結果はただその行き着くところへ行くのに任すほかないのである。もし彼が自分の取引システムに手を加えたり、取引プランを変更するのなら、それは市場が閉まっている時間にするべきで、取引が始まる前に計画し終えておかなければならない。

金持ちトレーダーが話した通り、彼の儲けようとする欲望はその発揮する方向を間違っていたのである。彼は正しいプロセスに従う偉大なトレーダーになることこそ欲望の対象にしなければならなかったのだ。

結局のところ、投資で得る利益というのは堅固なプロセスに従った結果であり、なんの脈絡もなく突発的にいろいろ決断した結果ではないのだ。精神状態としてはビジネスを執り行う経営者然としているべきで、回るルーレットの前のギャンブラーのような気持ちではいけないのだ。

リスクとリターンの蓋然性から離れ、自己欺瞞に踊らされて、自分が市場を出し抜ける特別な存在だと勘違いすると、トレーダーは危機的状況に陥る。そうなれば、いずれは悪い結果に終わることは避けられないのである。

「僕はビジネスマンだ。ギャンブラーではない」

彼はそうつぶやくと、また取引システムの見直しに取り掛かるのだった。

05

○ 良い取引は取引プランに沿って行われる。
× 悪い取引はエゴをかき立てるために行われる。

〝私の投資キャリアのうちで最も重要な変化は、自分のエゴを投資から決別させることを学んだ時に生じた。投資は心理的なゲームだ。ほとんどの人々は自分が市場と対決していると考えているが、市場はそんなことは気にしていない。あなたは実はあなた自身と戦っているのだ。あなたは自分が正しいと証明されるために、こんなふうになってほしいと願うことを止めなくてはいけない。市場が今、あなたに何を語りかけているかだけに耳を澄ますのだ。何を語っているかと5分前に考えたことは忘れなさい。投資の唯一の目的は自分が正しいと証明することではない。レジに入金されるチャリンという音を聞くのが目的なのだ〟

――マーティン・シュワルツ

「投資家にとって成功するための最も大きな障害は何だと思うね？」

コーヒーに砂糖を入れてかき混ぜながら、金持ちトレーダーは尋ねた。外を見ると水平線に太陽が沈みつつあり、最近かなり日が短くなってきたのを感じる。

彼はどんな答えを求めているのだろうか、と新米トレーダーはぐるぐる思考をめぐらせた。リスクマネージメント？　トレンド？　市場に逆らわないこと？　幾らでもある……。

「実際の値動きと闘うこと？」

「近いな」

金持ちトレーダーは笑ってコーヒーをすすった。新米トレーダーがまた言った。

「破産しないようリスク管理できないとか？」

「価格変動が激しくて口座の資金が吹き飛ぶかも知れないのに、それと格闘して取引するのはどうしてだね？」

金持ちトレーダーは眉をくいっと持ち上げて無邪気そうに尋ねた。

「どうしてかって、それは僕がどうにかして大金を儲けたいからだし、間違えた時にもそれを認めたくないからです」

「では、大金を稼ぎたいと思うのはなぜかな？　しかもそう思いつつ含み損の株式を保有したりして」

「ん、それは自分が偉大なトレーダーであると思いたいし、家族や友人にもそれを証明したいから？」

「それは質問かね？　答えかね？　もし質問だというのなら、なぜだね？」

「うーん、自分でもまだ確信を持てていないからでしょうか」

「こうしたことはすべて実際に投資を始めて資金をリスクにさらす前にわかっていなければならないことだ。市場で投資をするというのは〝自分探し〟をするにはあまりに高くつく。カウンセリングを受けた方がよほど安い。恐怖や強欲、エゴは金のかかる猿のようなもので、背負い込んで投資をするにはあまりに重い。それらはずっと君の背後から何やかやと口を出して、含み損の取引を放置するように仕向け、勝っているポジションを早々に手仕舞いさせ、取引プランなんか忘れて好き勝手にしても勝てるとはやし立てる。株式市場での君の最も手ごわい相手は他のトレーダーではない。君自身だ。どこで参入するか、どこで手仕舞いするか、他の誰でもなく、君が決めるんだ」

「僕が投資で成功するかどうかは、僕が自分をコントロールできるかどうかしだいだと?」と新米トレーダーは尋ねた。

「なによりもまずこうだ。出来事の起こる結果から順序を巻き戻して考えてみるといい。まず、自分はトレーダーだということを肝に銘じる。それが君自信であり、君がそうなろうと決めたことだ。であれば、君のアイデンティティというのは投資結果に基づくものではない。君自身が何者かということに根ざしている。つまり、君は自分自身に何かを証明しなくてはならないことなどないし、他の誰かに証明する必要もない。自分自身が何者であるかを知ることと、将来どうなりたいかと希望することの間には大きな違いがある。ドングリは他の誰かが違う意見を持とうが持つまいが、カシの木に育つ。そこにはいつもそのポテンシャルがある。内側にポテンシャルを保持しつつ、ドングリに残されたことはただ育つことだけで、なるべき姿になるということだけだ。ドングリは内側にあるものを解き放ちつつ、自分を疑うこともなく他のドングリから何かを強要されることもなくシンプルに育つだけだ。

例えば、もし作物がうまく育たなかったとしても、農家は農家だ。結果だけを見て農家が自分のアイデンティティを疑う必要はない。農家の自尊心は干ばつや嵐のせいで揺るぐことはない。なぜなら彼が農家になると自分で決めたからだ。何かを失う痛みや経済的な奮闘はあるかも知れないが、成功しようと失敗しようと彼は自分が農家であることはずっと確認しているのだ」

そう言って金持ちトレーダーは一息ついた。そして、ラウンジチェアに深々と体を沈めると日が暮れた海岸線を眺めた。

「もし本当にトレーダーになりたいのなら、自分が何者であるかどこへ行きたいのか知らなければならない。自分のアイデンティティを確信し、そのゴールを見据えたなら、あとは君を目的地から隔てているのは時間だけだ。自らの内部闘争と自己欺瞞から逃れたら、君はそこにたどり着くために必要な仕事をするエネルギーができる。投資は学ぶのが難しく、成功し続けるのが難しいゲームだ。トレーダーというものは自分自身に二心抱くような贅沢なことはできない。我々はトレーダーであるか、さもなければトレーダーたりえない。毎日、我々はその選択を迫られ、そして仕事にとりかかる。我々の自尊心とアイデンティティは口座の資金に合わせて変動したりしないのだ」

「自分自身をどう見ているのか、内なるアイデンティティをどう考えているのか、それがぶれるとストレスと葛藤の原因になるわけですね。自分が何者かわからなかったら、確かに不安になりますね」

「投資で本当に成功するトレーダーであっても、初心者としての肉体と口座でもって投資を始める。そうは言っても、知っての通りそれでポテンシャルに気付けないまま終わるわけではない。鍵となるのは、彼らが今後も自分は投資をするのだという信念のもとに決断をしているということだ。彼らのほとんどにはプランBなるものはない。モチベーションが強くてそっちを使う必要などないからだ。彼らは自分たちが何たるかの決断を結果が確認される前に下している。一つの大きな秘訣は一旦、彼らが自分の道を決めたら、彼らとそのゴールとの間を隔てているのは時間だけだということだ。彼らが毎朝目覚め、自分の夢と情熱を傾ける方向へと進み続けると決めたら、文字通り彼らを外から止めることなどできない。止まるとしたら、内側から勢いをそがれて自ら止まるだけだ。学ぶことを止めない、成長することを止めない、諦めることのないトレーダーを打ち負かすというのは非常に大変なことだ」

「つまり長期的ゴールにがっちりと自分の精神を集中させておくことは、様々なストレスを軽減することになるんですね」

そう新米トレーダーは考え込むように言った。

「そうだ。投資初心者はまず取引は取引でしかないと理解することだ。自分はもっと大きなスパンの中で活動していることを理解しなければならない。投資キャリア全体というスパンのね。それは本当に長いプロセスなので、日々のストレスなどほとんど吹き飛ばしてしまうのだ。一日というのは一年間365日続く投資のうちの一日でしかないし、一回の取引は次の百回の取引のうちの一つでしかないんだ。チャートにエゴを持ち出してはいけない。チャートはそれそのものとして投資に使われなければならないし、トレーダーの感情やエゴが価格変動ともつれるようなことがあってはならないんだ」

「その原則を心に留めておくというのは、なんだか自分の感情に音量ダイヤルをつけているような感じですね。一つの取引をそうした観点で離れて見るようにすれば、スッと音量が下がって、エゴとか感情によって邪魔されることがなくなりそうです」

「その通り。成功というのは、まずは利益を得られる決断がどんなものかを調べることから始まり、それから時宜を得たらその決断にしがみついて自分の内側にある壁で止まったりしないことで得られるんだ」

新米トレーダーはうなずいた。するとその時、彼の携帯電話が鳴った。出るなり声が聞こえた。

「いつ帰ってくるの?」

新米トレーダーは顔をしかめた。

「彼女かい?」と金持ちトレーダーは聞いた。

「ええ、もう帰らないといけないみたいです。いつもいつもですが、ありがとうございます。素晴らしいアドバイスとコーヒー……」

「いつだって歓迎だよ」

金持ちトレーダーはそう言って、自分の生徒が肩を落として去っていくのを見つめた。

06

○良い取引は後悔することなく、心の葛藤もなく行われる。
×悪い取引はトレーダーが二心ある時に行われる。

〝二心ある人はその行いがすべて不安定である〟

――ヤコブの手紙　第1章8節　新約聖書

美しい午後だった。空は明るく澄み切っており、鳥のさえずりが聞こえた。新米トレーダーは毎週恒例の金持ちトレーダーとの食事を楽しんでいた。

「ほとんどのトレーダーは投資を始めた当初は取引手法に集中するという間違いを犯す。本当に集中しなければならないのは自分自身なのにだ」

食事を食べ終わり、皿が下げられると金持ちトレーダーはそう話し始めた。いつものウェイトレスがコーヒーを注いでくれた。

「投資市場における勝者と敗者を分けるラインは彼らの投資手法ではない。彼らの規律、セルフコントロールとリスクマネージメントの能力だ。トレーダーはその取引から生じる利益幅はコントロールできない。できるのは仮にその投資が失敗して損が出た時のその損失幅だ。すべてのトレーダーはそこを自分のコントロール下に置いてうまくやっている。このことは良い話だ。なぜなら、ある取引手法が成功するか失敗するかは他のなによりもリスクマネージメントとポジションサイズの取り方にかかっているということだからね」

「なるほど」と新米トレーダーが相づちを打ったところで、携帯電話が鳴った。

また彼女からの電話だ。新米トレーダーは留守番電話に切り替えてしまった。金持ちトレーダーが話を続けた。

「過去の歴史的な値動きを綿密に調査することで、優秀なシステムは幾つでも見つけ出すことができるだろうが、システム自体は実は投資取引をしている投資家本人ほどに重要ではない。退屈したり、我慢できなかったり、あるいは恐れや欲望などはそのシステムに則った行動を妨げる典型的な要素なんだ。ほとんどの投資家は第一段階にはたどり着く。取引手法を打ち立てて、それで全部できたと思ってしまう。しかし、大変なのは実はそこからだ。その手法を規律正しく一貫した姿勢で、何か困難があったり失敗してもしっかりセルフコントロールして繰り返し遂行することが必要なんだ」

新米トレーダーはうなずいた。きっとまた金持ちトレーダーがうまい比喩を言ってくれると勝手に思っている自分がいる。

「そこがタイヤの接地面というか、実地で肝心なところなんだ。投資で儲けるために何か魔法の聖杯を見つけようなどという幻想は抱かないことだ。もし誰かが濡れ手に粟の方法を見つけていたとしたら、その人はあっという間に想像を絶する金持ちになり、取引サイズからしてそれ以上増やすのが難しいくらいになっているだろう。しかし、そうした聖杯伝説トレーダーがいるとして、ほぼ確実に言えることだが、彼がオンラインでその手法を20ドル足らずで売り出したりするだろうか。魔法のような方法を探すのを止めて、自分で生み出した最良のシステムで取引を始めれば、その日から彼は成長を始めるんだ」

「それでは、僕にとっての昨年来の一番の問題は、自分の手法について焦点を当てることを止めてしまい、代わりに自分自身というものに焦点が当たってしまっていたということでしょうか。あらゆることが自分自身のことでしかなくて、自分の自尊心がどう結果に結びついていたかが問題になっていたわけですね。僕自身がイコール取引になってしまっていたわけで。勝ったかどうか、お金が儲かれば僕が勝ったことになり、負けて損したらそれが僕が負けたということになる。本当は儲かったかどうかが問題じゃないのに。僕はあまりに感情的にお金にまみれてしまって、長期的視点を欠いていたようです」

「そうだね。トレーダーは感情的なリソースと金融資産的なリソースとをごっちゃにしてはいけない。別々の口座で管理しなくてはならないんだ。取引で儲けようが損をしようが、それで感情口座の方に貯めたり何かを引き出したりしてはならない。二つは決して交換してはならない通貨みたいなものだ。それぞれ完全に引き離して管理しなくてはならない」

「それは、どうやってやるんですか?」

「一つの取引が次の百の取引のうちの一つでしかないと考えるのと同じだよ。君の取引は人生においてごくわずかな割合でなければならない。もし君の自尊心まるまるすべてが成功するトレーダーという概念に縛り付けられていたとすると、勝つか負けるかは多大な影響を及ぼすはずだ。毎週、毎月、あるいは年間の損益状況は感情面でも精神面でも非常に強いインパクトを与えることになるだろう。

しかし、君の人生が様々な要素で多岐にわたっていたらどうだろう。幸せな結婚生活におけるパートナーだったり、子供の良き親だったら？　友人たちと楽しく交際し、趣味もあって、それぞれの社会環境における様々な楽しみを満喫していたら？　食生活に気を配って健康維持に努めたり、いろいろなことを学んで自己啓発に励んだりしていたとしたら、投資における結果が及ぼすインパクトはもっと小さいはずだろう。投資の美しいところは、ほとんどのトレーダーにとって半強制的に休憩タイムがあるところだ。市場が閉まっている時はもちろん、市況が自分の取引手法にマッチしていないような時だ。我々は活発に投資活動をするが、たまには休息も取らなければならない。そして、例えばもし君がトレンド追従型取引をしていて流れに乗ったとしたら、君は人生を楽しむ時間がたっぷりあることになる。大引け後でちょっとチェックすればいいだけになったりするのだから」

「うーん、それがまた問題ですよね。不必要に長い間ディスプレイを見て、一日24時間、取り憑かれたように収支を見てしまうというのが。基本的には、あなたは僕に鎮静剤を処方してくれてるってことですよね？」

「私が言っているのはいつも同じで、なすべきことをなせ、ということだよ。時には何もしないでいる、ということがそのプロセスには含まれるし、疲れきってしまって心の健康を害するようなことがないようにバランスを取らなければならない。また、前向きに意欲と活力をもってことに当たるのは良いが、我々がそもそもなぜ投資しているのかという理由に常に注意していないと、逆に害にもなりうる。投資する本当の理由とは幸福の追求だろう。その幸福というのが表向きどう見えようとね。ある人はそのゲーム自体を楽しむだろうし、自由を得るため、あるいはライフスタイルにおける選択肢の一つとしてやる人もいる。**要は投資の結果として不幸になったとしたら、それは間違った方向に進んでいるということなんだ。**不幸を追求するために投資をしているのではない。暗い雲が垂れ込めてきたらそれは立ち止まるべき時で、何が間違っているのか、どうして道を外れてしまったのか再評価するべき時なんだ」

「そういう意味では、リスクリターン指標や損失の上限設定などは、幸福の追求において重要な役割を果たしているということになりますね」

金持ちトレーダーは静かに微笑んで言った。

「優れた投資手法であったとしても、それを用いる際に生じるストレスを精神衛生上うまく処理できないのなら、その手法はトレーダーにとって良いことは何もない。君は自分自身が快適と感じるゾーンの中で投資しなければならない。ポジションを加えてリスクを増やすとしたら、それによって増加するストレスに対して、君の力が問題なく強い時だけだ。投資は成長の過程であって、量子飛躍のように一足飛びにどうなるものではない。君が快適だと思えるレベル以上のところで取引しても良いことはないんだ」

「この取引システム上の最大のウィークポイント、いわゆる〝自分〟ですね、これを補強する処方箋は他に考えられますか？」

「ふむ、トレーダーはそれぞれ自分の哲学を見つけなければならないと思うね。壮大なるがゆえに地に足をつけることができ、それによって内面が強化されて自分に自信が抱けるような哲学だ。宇宙的な規模感で自分を見つめようとするトレーダーもいて、それによって投資で自分が何か問題を抱えても俯瞰的に見ることができる。また、スピリチュアルに走る人もいるだろう。それによって自分が何者なのかの啓蒙を高めようとしているのだ。これは実践しているトレーダーも多いが、日々、瞑想の時間を持って、内面の葛藤や感情をコントロールしようとする人もいる。もしくは一日の気付きを振り返ることを習慣にしてそれを力にしている人もいる。宗教を信じて、高次の存在に祈りをささげることで心を落ち着ける人もいる。こうした実践をすることの利点は、一つ一つの投資活動が持つ本来の規模ついて、全体の大きな枠組みから大局的な視点が得られることがあるだろう。それによって、市場への参入や手仕舞いが心理的に容易になるかも知れない」

新米トレーダーはうなずいた。

「なるほど、考えてみます」

「うん、そうしたらいいよ」

金持ちトレーダーはまた深々と椅子に座りなおしながらそう言った。ジェーンが勘定書をおいていったが、すぐに立ち去ろうという気配は金持ちトレーダーには全くなかった。

新米トレーダーの電話がまた鳴った。今度はディスプレイを見た彼だったが、その表情は驚きから困惑へと変わり、最後に茫然とした表情になった。メッセージにはこう書かれていた。

おしまいにしましょう。もうたくさんだわ。本気だから。

一瞬、大事故に巻き込まれたような、壊滅的なショックを受けた。

しかし、同時に彼は巨大な肩の荷が下りたような気もした。3年間付き合っていた彼女に対してこんな感情を抱くべきではないのだろうが、待ち望んでいた時が来たような気が確かにしたのだった。

Part II

優れた投資手法を作るためのヒント

〝私にとって重要な要素を順に挙げると次のようになる。⑴ 長期的なトレンド、⑵ 今現在のチャートパターン、⑶ 良い売買ポイントを見極めること〟

――エド・シコータ

07

○良い取引は取引プランに基づいて行われる。
×悪い取引は感情と思い込みに基づいて行われる。

〝市場を予想しようとしたら、それはギャンブルと同じことになる。忍耐強く市場がシグナルを出した時だけ反応するのなら、それは投資になる〟

――ジェシー・リバモア

新米トレーダーは一人、喫茶店で時間をつぶしていたが、不思議なことに非常に平穏な気分がしていた。恋人が部屋から出て行ってしまって、おかげで彼は投資取引に集中できているのだった。

しかし、何かがしっくりこない感じは残っている。

「あら、こんにちは」

見上げると、青いドレスを着た魅力的な女性が立っていた。新米トレーダーの表情を見ると、片方の眉を持ち上げて言った。

「わからない？　ジェーンよ。……ほら、カフェの」

「ああ、ジェーン！　ウェイトレスの！」

彼女は目を丸くして苦笑しつつも隣の席に座った。

「ええ、そうよ。ジェーン。ウェイトレスのね」

彼はぎこちなく笑顔を浮かべた。二人でちゃんと会話したことなどなかったので、ちょっと気まずい。

「それで、投資の方はうまくいってるの？」

一瞬、不意を突かれたように黙りこくってしまい、彼はあわてて聞き返した。

「……え？」

「投資はうまくいってるのって聞いたの」と彼女は繰り返した。

「あなたと金持ちトレーダーがいつも話しているのを聞いてたもの」

「ああ……」と彼はゆっくりと返事をした。

金持ちトレーダーが相手だと、たまに考えがまとまらないうちに思ったことが口をついて出てしまい恥をかくことがあったが、そんなことにならないように、じっくり考えつつ答えた。

「だんだん良くなってはきている……かな。でも、自分にとっての一番の敵はまだ僕自身なんだな」

「どういう意味？」

「自分で自分を邪魔しているんだ」

そう言って彼は笑った。きっとこんなことを話しても彼女は関心を持たず、会話も途切れてぎこちない雰囲気になってしまうのだろう。そう自嘲気味に考えていたが、新米トレーダーが驚いたことに、彼女は考え深げにこんなことを言った。

「金持ちトレーダーが以前話してくれたのよ。叡智は値動きにあり、我々の意見の中にはないって。私たちの投資の能力というのは、私たちがチャートが何を示しているのかにどれだけ耳を傾けられるか、どれだけそれに沿って取引ができるかによっているわけで。私たちが実際に何が起きているかに対して反応するのではなく、これからどうなるか予想しようとした時こそが、資産形成に悪い影響が出始める時だって」

「うん……そうだね」と新米トレーダーは同意した。

「僕たちが抱く見解やある種の傾向は、基づいているのは幻想であって、実際の値動きじゃない。僕らの仕事は紐解かれた値動きに沿って投資をすることであって、勝手な見解や憶測、エゴをやりとりするわけじゃない。それらは僕らが持つ儲ける能力の邪魔をするんだ」

彼女は笑って言った。

「そうね、私たちはトレーダーだもの。占い師じゃないわ」

僕たちはトレーダーだって？　と新米トレーダーは考えた。そう聞いて悪い気分はしなかった。彼は言った。

「僕らがしなくてはいけないのは……ええっと、金持ちトレーダーは何て言ってたかな。波に乗ってサーフィンするのは良いことだけど、波自体のように浮き流れるのがベストだと。儲かる時のほとんどのケースというのは、市場が連れて行くところに従って行く時なんだよね。あてずっぽうで予想したり、望んだり信じたりあるいは流れと闘ったりした時じゃない。相場の反転で儲けようとするトレーダーたちでも、実際に反転するまで実は待っていて、相場の頂点や底値を完璧に当てようなんてことはしないんだ」

「じゃあ、あなたは相場に素早く反応するリアクティブ派トレーダーで、予想派トレーダーではないわけね」

「そうだね。シグナルが出る前に参入するとしたら、そのシグナルがあとで出るであろうことを予測していることになるよね。株価600ドルの株があって、それが700ドルに達するだろうとシンプルに信じて買ったとしたら、それは予想しているわけだ」

彼女はうなずいた。

「そうね、トレーダーが動いた理由を確かめる一番良い方法は、なぜそこで参入したのか尋ねることとね。もし彼らが『これ以上、落ちないから買ったんだ』とか、『100ドルにはなると思ったから買った』、あるいは『これ以上、上がるわけがないから売った』などと言ったとしたら、彼らは予想しているのであって、反応しているのではないわ。リアクティブ派トレーダーだとしたら、例えばこう言うわ。『株価がここ3か月の抵抗線を破って過去最高値を更新したから買った』とか、『長期的な支持線を破ったから売った』とか『主要な支持線で反発したから買った』あるいは『短期的な抵抗線を破ったから買った』とかね」

そう言って、彼女はおいしそうにコーヒーを一口飲んだ。

「リアクティブ派トレーダーが取引に入るには、成功の可能性があると少なくともそう見えるような価格変動による何か理由が必要だわ。一方で、予想派トレーダーはただ信じる気持ちとか見解があれば取引できる。リアクティブ派トレーダーは外部の理由とチャート上の価格変動に基づいて取引をする。対して予想派トレーダーは自分の内にある理由と信じる気持ちに基づいて取引する。リアクティブ派トレーダーはチャートの導くままに明確な理由をもって売り買い、取引量の決定をする」

「うんうん、そうだね」と新米トレーダーは言った。

「トレンド追従型のトレーダーにとっての典型的な買いの局面は、重要な抵抗線を上回る力強い値動きがあった場面だろう。もし株価が100ドルから200ドルへと上がるのなら、まずはそれが101ドル、102ドル、110ドル、150ドルへと達する場面が必ず出てくる。あるいは成長株で80ドルの支持線と100ドルの抵抗線の間で値動きしているような株があって、決算発表の後、103ドルで取引を終えたとする。すると、それ以下で売っていた売り筋はすべて打ち負かされたわけで、可能性としてはもっと上昇する可能性が高くなる。こうした抵抗線の突破が起きる以前には、この株価が１００ドルを超えると予想する理由はない。多くの株価は決して抵抗線を破らず、かえって70ドルや50ドルにまで落ちる可能性だってあるんだ。トレンド追従型トレーダーは日々の高値と安値が毎日更新されていくような株をいつも探しているんだ。それがトレンドの証拠になるからね。抵抗線の突破は、株価が一定水準をクリアしたという証拠で、それが引き続き上昇し、さらに上がる可能性があることを示している。他にも例えばスウィングトレーダーにとっては、支持線レベルでの反発は、それが破られて転落しないかぎり、買いサインになりうる。とにもかくにもリアクティブ派トレーダーは、確認できるサインを探しているんだ。それに対して予想派トレーダーはただ当てずっぽうで予想している」

そう話す新米トレーダーの興奮はまるで手に取るようだった。

ジェーンはうなずいて微笑んだ。その目は輝いていて、彼の考えを引き取って続けた。

「リアクティブ派トレーダーが含み損のポジションを手仕舞いするのは、値動きによってそれが間違いだと証明された時ね。同じように含み益にあるポジションを手仕舞いするのも、それが期待した方向に動くのを止めたとわかった時で、目標価格に達したからではないわ。例えば、ある株価が１０３ドルから２００ドルまで上がり、その間、株価の５ドル下に設定したトレイリングストップの設定に一度もかからなかったとして、その後、２００ドルに達してから、１９０ドルまで反落したとする。トレーダーはその途中の１２５ドルとか、１５０ドルで手仕舞いしたりはしていないわ。なぜなら、彼は株価が最後に１９０ドルレベルまでの強い反落を見せるまではずっと値上がりに身を任せていたはずだから。このあたりが天井だと勝手に予想するのではなくて、株価がちゃんとそれを示して初めて反応しているわけ。これが取引をするのに必要な原則なのよね。市場に参入するには生ぬるいファジーな感覚とか曖昧模糊とした信じる気持ちなんかよりもっといい理由が必要ということね」

新米トレーダーは言った。

「そうだね。取引量に関して言えば、それも株価の値動き幅とボラティリティによって決まるよね。もし口座残高が10万ドルで、自分が１％以上のリスクを負いたくない場合、つまり１０００ドル以上の損をしたくない場合だけど、そうすると直近の取引レンジが取引量の決定に使えるよね。平均10ドルの値動きがあるとすると、取引できるのは１００株だけで、10ドルの値動きを上限にすることになる。もし平均的な値動きが5ドルであれば200株の取引と5ドルの変動リスクが上限だ。もちろん、もっと少ない単位で取引してもいいし、ポジションとは反対の値動きが起きたとしても、とらえようとしたトレンドの中でのノイズではないことを確かめなくてはならない。ともかく最低限必要なのは、投資で成功したければ何をするにしても明確な理由が必要であって、それは実際の値動きやチャートに基づいているということだ」

彼女はうなずいた。

「現実的なトレーダーは非現実的なトレーダーよりもよほど儲かるということね」

「自分自身に何かストーリーを語り始めたり、自分の強気を信じて疑わないトレーダーは、一般的には破滅に向かっていると言っていい。投資を始めるには何かしら定量化できる理由があるはずなんだ。買いに入るにしても、手仕舞いするにしても、取引量を決定するにしても何か本当に根拠があるはずなんだ。**気まぐれな投資はほぼ確実に失敗する。反対に、リアルな株価の動きに基づいた投資はうまくいく可能性が非常に高いんだ。**なぜなら市場と同じ方向に流れているのだから。市場は僕らが何を考えようが、何を信じようが気にはしない。それは列車みたいなもので、僕らはそれに乗るのか、さもなければひき殺されるかなんだ」

ジェーンはふっと息を吐いて言った。

「と言うことは、占いの水晶玉は捨てなくちゃいけないってことね」

新米トレーダーは笑った。

「それは僕もだよ……。君がトレーダーだなんて知らなかったな」

彼女は困ったような笑顔を浮かべた。

「ええ……ちょっとだけね。カフェで働いて投資資金を貯めているのよ。目標はフルタイムで投資することだわ。私も金持ちトレーダーと話しているのよ。彼ってすごくためになることを言ってくれるわ」

「そうだね。彼は紛れもなく知識の源泉って感じだね」

「そういえば、しばらくカフェであなたを見かけてないわね。どうかしたの?」

新米トレーダーは彼女を見つめた。彼女に言っていいものなのか、彼女がそんなことを知りたいと思うのかよくわからなかったが、ままよと言ってしまった。

「実は、恋人と別れたんだよ」

「まあ……。お気の毒さまね」

彼は肩をすくめて見せた。

「結婚してたわけじゃないから、まだしもね」

彼女は笑った。恋人と別れたなんて話を聞いたら、たいていこんな当たり障りのない反応なのだろうが、それでも彼は話せて気分がいくらか晴れた。それに、自分と同じような投資を始めたばかりの仲間ができて彼は嬉しかった。

ジェシー・リバモア

Jesse Livermore

［1877年7月26日～1940年11月28日］

米国の投資家。「ウォール街のグレートベア（Great Bear of Wall street）」として知られる。1907年と1929年の金融恐慌時に空売りを仕掛け、莫大な利益を上げたことで有名。

マサチューセッツ州のシュルーズベリーに生まれる。農業を継がせようとした父の意に反し、14歳で家を出てボストンの証券会社で働いた。最初は株価をただ予想しているだけだったが、友人の勧めでバケットショップ（bucket shop）と呼ばれる株価の上下に賭けるノミ屋で取引を始めた。15歳にして1,000ドル（現在の価値で約2万3,000ドル）を稼いだといわれる。その後もバケットショップでの取引は続いたが、あまりに勝ちすぎたためほとんどの店で出禁になった。その後、正規の証券市場に参入した彼は1907年の恐慌で300万ドルを稼いだ。しかし、その後、綿花相場で失敗して破産。再起したリバモアは1920年代の強気相場に乗って利益を積み上げ、1929年の大暴落時には再び空売りで1億ドル以上を稼いだという。

08

○良い取引はあなたの個人的な強みに基づいて行われる。
×悪い取引はあなたの見解に基づいて行われる。

〝トレーダーは見解を持ってはならない。あなたの見解が強ければ強いほど、含み損のポジションから抜け出るのは難しくなる。〟

――ポール・ロッター

「投資初心者にとって、最も理解しにくいことは何だかわかるかい？」

新米トレーダーが以前のように快適な椅子に身を沈めたのを見て金持ちトレーダーは尋ねた。新米トレーダーは久しぶりに彼に会いに来たのだ。

「何ですか、それは？」

「優れたトレーダーたちは、自分の意見を非常に柔軟に持っているということさ」

そう言うと金持ちトレーダーは続けた。

「成功しているトレーダーの大部分はこれから何が起きるかとか、価格がどこまで上昇するかとか予言したりしない。彼らがするのは現在の市場に何が起きているのか理解しようとすることと、歴史的に過去、何が起きたかを理解しようとすることだ。成功しているトレーダーたちは自分たちの投資がチャートそのもの、あるいは値動きそのものに合致するように努力する。市場の動きとシンクロさせようとしているんだ。彼らは市場が個人個人の考えなど全く意に介さないことを理解している。ある見解を形作ることで金持ちトレーダーになれるんじゃないんだ。値動きが作ったパターンを理解して、それがまた欲望と恐怖という生来の人間心理に基づいてこれから形作られるであろうことを理解することで成功するトレーダーになれるんだ」

新米トレーダーはうなずいて、以前教えられたことを思い出して言った。

「なぜなら、市場は自らが望むところへ行き、トレンドは自らを養って成長するからですね」

「その通り。勢いのあるトレンドに逆らって取引をしようとするのは、スピードが出ている列車と闘おうとするようなものだ。列車はいずれは燃料が尽きて止まるが、実際にスローダウンし始めて勢いが失われつつあることが確かめられない限り、そこに賭けるのは利益に結びつくとは言えない。鍵となるのはやはり、投資決定は事実に基づくべきで、個人的な見解に基づくべきではないということだ。トレーダーが犯す最も危険な行為は、心理的なバイアスをつくりあげてしまうことで、そのバイアスによって値動きやチャートを見る目が影響されてしまうことだ。ストップロス注文や、トレイリングストップ注文は実際の値動きを追い、見解が割り込むのを避けるためには強力な手法だ。多くの偉大な投資家にとってストップロスやトレイリングストップが重要な役割を担っている」

「どうして参入したのか、シグナルは何だったたか、そしてどこが手仕舞いのシグナルになるのかをトレーダーは知っておかなくてはならないわけですね」

「そうだ。トレーダーには主に3つのタイプがある。まず一つ目は、純粋に機械的トレーダーで、彼らは歴史的な値動きをあらかじめ調べてどんなシステムがうまくいくか、あるいはいかないのかきっちり調べている。機械的トレーダーは彼らの努力をすべて取引モデルを設計することに費やしており、完成したらそのモデルを運用する。彼らは異なる値動きで生じた異なる状況に対し、どう行動するか100%わかっている。彼らの根気強い仕事は日々の市場が閉まってからも続き、そこでは彼らのシステムの信頼性が引き続きを有効かどうかを検証することになる。機械的トレーダーは、もし彼らの機械的システムを変更しようとしたら、その前に膨大な宿題をすることになる。彼らは自分の中に湧いて出た見解でもって取引するのではない。彼らが取引しているのは強いて言えば様々に渦巻く市場参加者たちの意見の総合的有効性とでも言うべきもので、それらの総合的意見というのは、過去様々な市況下でそう動いたという検証試験のなされた堅固な事実に基づいているわけだ。トレーダーの下す判断は調査中に生まれており、結果、リアルタイムの市場の動きの中でも取引は機械的なものになる」

そう言って一息ついて、金持ちトレーダーはコーヒーをすすった。

「次はルールに基づいた自由裁量トレーダーとでも言うべきグループだ。こうしたトレーダーは自分自身の意思決定で優位に立てるとは思っているが、それでもある種のルールを持ち、その枠組みの中で取引することで安全性と利益を確保している。自由裁量トレーダーはシグナルを見て取引に入るかどうか決めることができるし、一度にどれだけの取引量を入れるかについてもいつでも決めることができる。ほとんどのトレーダーはある程度のルールは持っていて、それはリスクマネージメントに関わるものだったり、取引する最大量だとか、含み損の最大額、買いに入るシグナルや手仕舞いに用いるパラメーター、あるいは投資心理に関してのルールさえ持っている人もいる。それらのルールは長年の個人的な研究に基づいていて、過去の過ちを避けるためのセーフティネットとして作られている。しかし、こうした取引ルールはトレーダーを自由に投資することから遠ざけるものではない。それらはトレーダーが自分自身から安全になるために作られている」

「自由裁量トレーダーは、一定のルールは自分なりに決めていても、その場その場で自由に判断するトレーダーということですね。そうすると、3つ目のタイプはミスター〝知ったかぶり〟ですか?」と新米トレーダーは言った。

金持ちトレーダーはうなずいた。

「それが最後のタイプで、現実という岩肌に向かった新米トレーダーの一般的な心理だろうな。プロの投資家でさえ、実際の調査や学んだ投資技術を超えて自分の考えだけで取引してしまうことだってある。なんでも自分でわかっていると思っている知ったかぶりトレーダーの戦略は実にシンプルだ。彼らは〝いいな〟と思った時に買い、〝下がるな〟と思った時に売る。彼らは自分の知性とゲームをするスキルが他の大部分のトレーダーたちよりも、市場全体よりも優れていると信じているんだ。それを裏付ける根拠はないんだがね。彼らは声高に主張して意見を曲げることがないし、次に株価がどう動くかの自分の決断を深く信じている。その取引は自分の信じるところに従ってのとっさの思いつきと言ってもほとんど変わらないくらいだ。こうした人々は自分が特別で非常に頭がキレると考えている。そしてまた不幸なことに、彼らは市場が偶然にも彼らのスタイルを助長するような状況下で投資キャリアを始めるケースが多々ある。単に市場全体が強気なだけなのに、彼らは選んだ銘柄の上昇を見て、自分が銘柄を選ぶ能力に優れていて才能があるに違いないなどと勘違いしてしまうのだ。彼らはひと月で得られた膨大なリターンを目の当たりにして、それを自分が賢いからだと勘違いするが、それは実は最終的に口座資産を吹き飛ばす始まりにすぎない。それというのも取引量の問題で、大きすぎるリスクを彼らは負っているわけで、リターンも大きいが市場の力学がダイナミックに変化した場合に膨大な損失にもなりうるのだ。彼らは長く勝ち続けている際の優越感をメンタルの強さと混同してしまっている。資産が減ったり負け続きの状態になったとしても、そこから復活できる精神力があるように最初から勘違いしてしまっているのだ。知ったかぶりトレーダーには有利なことなど一つもない。ただ幸運を呼ぶ兎の足、ラビット・フットを振りかざした神頼みで自己欺瞞でしかない。こうしたトレーダーでも長年、利益を上げ続けることができるかも知れないが、ラッキーで得られた利益は最終的には市場が奪い去るだろうし、ラッキーマネーはそれが与えられた時よりも素早く巻き上げられるのが世の常だ。ラッキートレーダーはゆっくりと利益を積み上げるが、そこでエレベーターシャフトを落ちるように溜め込んだ利益を吐き出し、そこで初めてレバレッジと取引量による危険性を認識するし、基本的な投資原則もそこで初めて学ぶことになるかも知れない。それもこれも極端なリスクイベントについて配慮を欠いていたからだ」

「それで、あなたはどのタイプのトレーダーだったんですか?」と新米トレーダーは尋ねた。

金持ちトレーダーは笑った。

「ははは、もちろん、どのタイプのトレーダーも経験したよ。もっといい質問がある。……君は今、どのタイプだ?」

「僕はまだ知ったかぶりトレーダー状態から抜けられていないような……。自分の見解が取引にねじ込まれていくのを止められないと言うか、それが僕の最大の敵なんですよ。寄り沿っていかなければいけないはずのトレンドと闘い始めたり、あるいは支持線レベルで、株価がある程度強さを持って反発するのを待たなくてはいけないはずなのに勇み足で買いを入れてしまったり、それでトラブルにあうんです。僕の抱える最大の問題は、市場が開いている時に、自分の取引プランから抜け出して彷徨《さまよ》ってしまうことです。市場が閉まっている時に書いた取引プランよりも自分が優れているという考えが抑えられないんです。それが何度も何度もそうじゃないって証明されているのに。僕の見解というのは、その……なんと言うか、すごく高くつくと言うしかないですね。それに、自分の見解が強ければ強いほど、より大きく取引してしまうように思えますね。それはほとんどうまい話で終わることはなくて、なにしろ損切りで終わるなんてしたくないし、自分が間違っていたと認めたくもないんですから。さらに悪いことには、大きい取引量で取引すればするほど、より感情的にもなって、少ないポジションで投資していたら決してしなかったようなバカなこともしでかしかねないです」

「自分の見解が投資パフォーマンスに悪影響を与えないように取引するポイントは、システム的なアプローチをすることだ。あらゆる投資の開始ポイントと手仕舞いポイントに定量化できる理由が必要になるので、その取引プランに従ってさえいればそれを無視することが難しくなる。多くのトレーダーは機械的なアプローチの方が簡単だと感じている。なぜならそれによって感覚的な裁量で動いてしまったり、感情的にポジションを取ったりすることが防がれるし、知っての通り、そうしたトレーダーの行為があらゆるシステムの一番のウィークポイントだからだ。自由裁量トレーダーだって成功するには取引に参入するルールが必要になる。抵抗線突破だとか、移動平均線の上で取引するとか、一定期間内の高値更新、あるいは安値更新に注目するとかだね」

「自分の見解をシステム的なアプローチに置き換えるというのは、それだけでも有利な点があるわけですね」

「その通り。個人的なバイアス無しに価格変動に従える能力というのは、非常に強力な優位性で、ほとんどのトレーダーが理解することさえできていないことなんだ。今起きている波にとにかく乗ろうと方法を模索することだ。その波がどこまで伸びるかとか、いつ終わるかとか、波に乗り遅れないかどうかなどと自分の見解とともに座り込んでなんかいてはいけない。株式投資では限られた時間枠の中でトレンドを捕まえることによってお金を稼ぐことができる。今何が起きているかについて見解をいくら膨らませたからといって儲けることはできない」

新米トレーダーはうなずいた。それから、ふと顔を上げてカフェの店内を見回した。ジェーンは今日は働いていないらしいのだが、なぜかそれがとても残念だった。

09

○良い取引は自分の決めた時間枠の中で行われる。
×悪い取引は損失のために時間枠を変えてしまう。

〝鍵となるのは一貫性と規律だ。我々が人に教えているルールのうちの8割くらいはほとんど誰でもリストアップすることができる。彼らにできないのは、物事が暗転した場合でもそれらのルールにしっかりと従い続けられるような自信を持つことだ〟

——リチャード・デニス

「良い取引というのは、あらかじめ明確に決められたパラメーターに基づいて行われるんだ」

そう金持ちトレーダーは話し始めた。

彼らは新米トレーダーが最近見つけた古風な喫茶店で、大好きなコーヒーを飲んでいた。小ぎれいな店内は静かで、内装は淡い青色で統一され、椅子も座り心地が良かった。なにしろコーヒーがおいしい。人と会って話すには最高の場所だった。

「と言うことは、トレーダーは市場に参入する前に取引量がわかっているということになる。トレーダーは価格変動に従って定量化された参入のシグナルを得て、そのポジションはストップロス注文がヒットしてその取引が反対方向に行ったことが確認されて手仕舞いされるまでは保持される。ストップロスが引き出されるのはトレーダーが誤っていて、市場から撤退するべきと判断される価格レベルだ。その場合、損失が出たとしても全投資資金のうちでリスクを負える範囲で、しかも多数の取引の中の一つとしても破滅のリスクにつながらないというガイドラインに沿った金額になるはずだ。銘柄はウォッチリストに入っていたもので、トレーダーはその銘柄の歴史的価格変動をあらかじめ調査しており、どんなアプローチがうまくいくか、あるいはいかないかを検証済みということになる。これが良い取引の定石だ。悪い取引はトレーダーが取引を定量化することから逸れ、勝手に膨らませた見解や感情、エゴに従った時に起きる」

「そうすると、基本的には投資は真剣なビジネス取引と同じで、リスクリターン指標、確実性、それからリスクマネージメントに基づくということですね。あらゆる取引のあらゆる動きについて、自分が何をしているのか正確に知っていなければならない」

金持ちトレーダーはうなずいた。

「取引プランを作り上げること自体はたいてい問題にはならない。問題は市場が開いた時にトレーダーが規律を維持しようとするところから始まる。欲望や恐れ、エゴ、ストレスはプランが練られている際は生じない。しかし、市場が始まるやいなや、すべてが現れて聞いてくれとばかり主張を始めるのだ。良いトレーダーは規律を保ち、感情や見解ではなく取引プランに従うことができる。それだけでも難しいことだ。しかし、市場環境が変化して負け続きの状態になったりすると、あらゆる状況が悪化する。本来ならトレーダーは取引回数を減らすとか、ポジションサイズを小さくするとか、あるいは市場環境が再び良くなったのを示すシグナルが出るまで取引しないとか、口座資産が減る状況に関してもあらかじめプランしておかなければならない。トレーダーはリアルタイムの市場に入ればすぐに自分自身が取引システム上の最弱リンクだと気付くだろうし、その時こそあらかじめ決められたプランに従う時なのだ」

「それでは、トレーダーが損失を出すのはほとんどがオリジナルプランに従わなかったから?」

金持ちトレーダーはコーヒーを一口すすり、ため息をつくとともに答えた。

「そうしたトレーダーたちは実は非常に優れた取引システムを作りあげていたのかも知れない。ただ市場の状態が悪かっただけかも知れないんだ。その市場環境をなんとかやり過ごす代わりに、彼らは自分のシステムやスタイルを市場に合わせようとしてしまう。それがために彼らはすっかり混乱してしまい、トレンド追従型のはずだったのがデイトレードをしてみたり、スウィングトレーダーのはずがオプションを売り始めたりしてしまうのだ。どんなタイプの手法であっても、有効なものを生み出すには非常に長い時間と労力がかかっていて、異なる時間枠の中で簡単に変えられるものではない。もし様々なシステムの異なる手法を同時並行で用いて取引をしたいというのならそのこと自体は良い。しかし、それぞれは必要とされる前に適切に調査されていなくてはならない。市場の状況に合わせてメインとなる取引スタイルを変えるのなら、あらかじめ計画してとりかからなければならず、負けが続いているからといってその場の思いつきで即席の取引を行ってはならないのだ。取引システムをテストして調整を検討するなら、大量のサンプルを調査しなくてはならないはずだ」

「なるほど。実際にお金を使って投資をする前に、計画を立てて、紙の上でシミュレーションしろということですね。何かを決定するのは事実に基づいてよく考えてからしなくてはならず、お金を失ったからとか、感情が制御不能になったからとかで決めてはいけない。僕の下す決定は調査と計画から生み出されたものでなくてはならず、ランダムかも知れない結果、ただ一時的なものであとの百の投資の中で見れば単なるノイズかも知れない目先の結果に振り回されてはならないわけですね」

「投資する中から生まれ出てきたようなスタイルはたいていはうまくいかない。一方で様々な投資手法を調査してのち、複数の取引手法を運用するのは、君が膨大な過去データをテストしているのならOKだろう。もちろん、すべてのポジションに対しリスク量は決めておかなければならないし、それぞれのポジションが複合した時のトータルのリスク量も考慮しておく必要がある。ブルース・リーの言葉に今回の話を的確に表現したものがあったな」

「ブルース・リーですって?」

金持ちトレーダーは笑った。

「〝知っているだけでは十分ではない。活用せよ。望んでいるだけでは十分ではない。

行動を起こせ〃ってね。ブルース・リーはトレーダーではなかっただろうが、規律についてはー家言あったということだね」

「それが本当に難しいところですよね。理論から実践へとジャンプするというのが。学びから実践へ、原理から行動へ。スポーツの練習とそっくりですね。長い時間をかけて練習してフィードバックして、でもそこから飛躍して実際の競技では様々なストレスと緊張の中でパフォーマンスしなければならない。練習と実践の二つは非常に異なる体験です。リアルタイムのイベント時は生きるか死ぬか。結果は成功か失敗かで計られますが、実践では練習中にはなかった感情とストレスが現れます。観客がいるしファンたちの期待もすごいプレッシャーになりますからね」

「そうだな。プロレベルのアスリートを分けるのはやはりメンタルの強さだ。プロアスリートは基本的に皆、身体的能力に恵まれている。しかし、勝者は常に最も高いレベルで最も重要なタイミングで力を発揮できるものだ。多くのトレーダーには夫、あるいは妻や家族、他の知り合いのトレーダーなどプレッシャーとなりうる観客はいる。少なくとも私の経験上はそうだね。研究と調査はリアルタイムの取引ではほとんど関係してこない。実際に大金を動かしての取引は、私にとっては規律を保てるかどうか、ストレスを管理できるかどうか、そうした能力を鍛えているかのようだね」

「そうですね……。僕には今のところあなた以外、観客というのがほとんどいないですけど」

新米トレーダーはそう言ってため息をついた。

「ははは、気にすることはないさ。いないのが多分、一番良いんだろうし。結局のところ、的を撃つ練習は実際の銃撃戦とはかなり違うということだ。最も優れたトレーダーとはストレスを一番うまく管理し、忍耐強くエゴを制御できる人ということだろう。チャートを一番うまく読み解ける人が一番優れたトレーダーになるわけではない。投資はステージ上でリアルタイムに演技するようなもので、分析は脇で見ている審判に似ている。審判はそこに来ていることで給料をもらうだろうが、パフォーマーは長期的にそのパフォーマンス自体でお金を得ることになる」

「トップトレーダーのスキルとは、市場が開く前にプランしていたことをリアルタイムの市場で実際に行うことができる能力だ、ということがよくわかりました。取引プランに従うというのは、実際に目の前で緑色と赤色の数字がチカチカして資金が増えたり減ったりする前までは簡単なんです。でも、トレーダーとして本当に試されるのは、負けが続いたり、あるいは勝ちが続いたりした時なんですね。負けが続くと自分のエゴが起動し、大きく取引して損失を早く埋めたいと思うし、大きく勝てば勝ったで損失に対する恐怖心が減り、自分が無敵でリスクマネージメントなんてしなくてもいい天才か何かだと舞い上がってしまう。僕は成長し、こんなふうに道から逸れるのをやめ、ただもう首尾一貫することに集中できるようにならなくては。今日は素晴らしい金言をいただけました。ありがとうございます」

「いつでも歓迎さ」

金持ちトレーダーはそう言って微笑んだ。

「こうやって君とちょっとした話をするのが大好きなんだ」

10

○良い取引は今現在の株価の現実に反応して行われる。
×悪い取引は個人的な判断に基づいて行われる。

〝純粋な価格決定システムは北極点になぞらえることができる。そこからどう出発しようと南に向かわざるをえない。〟

——ウィリアム・エックハルト

金持ちトレーダーが話し始めた。

「定量化、定量化、なにはなくとも定量化だ。どこで参入するかわかっていなければならない。参入したらどこで手仕舞いするかわかっていなければならない。買いを入れる価格、手仕舞いする価格、取引量、何を取引しているのか、抑えておくべき数字はみんな知っていなければならない。どんな取引も最初に紙の上で計画され、シミュレーションされるまで実際のお金で取引してはならない。価格はガイドであって、計画は起こりうる様々な異なる価格変動のシナリオに対応したものでなくてはならない。異なる価格変動、パターン、ボラティリティの変動に対してどう反応するか計画しておくのは、トレーダーとしての君の仕事だ。君の計画によってお金が儲かるのは、それは何が起きるかを予言しているからではない。リアルタイムに起きていることに対しアジャストしているからなのだ。エッセンスとして端的に言うと、**市場に勝とうとしてはならない。そうではなくて、君が市場そのものになろうとするのだ。**その二つは大きな違いがある」

「レーザー光線のように価格の変化のみに集中しろということですね。感情や個人的意見、もちろんエゴなどには目もくれず、ですね」

「価格変動が起きたらそれに反応する取引と、それに対して未来に何が起きるか予言しようとする取引、この二つの違いが実は金持ちトレーダーにとっての大きな秘密の一つなんだ。金持ちトレーダーは占いの水晶玉やタイムマシーンなど持っていないことを知っているし、自分が予言者でもないことを十分理解している。それに、初心者の多くやTVのコメンテーター、株のカリスマと言われるような人々は、投資の学校でその授業があった日に、学校をサボったんじゃないかと思うね。悪いトレーダーたちは、TVの投資番組や注目銘柄を紹介するネットサイト、投資のカリスマが登録されているサイトや販売されている投資システムを探すのに一生懸命なのだが、金持ちトレーダーは過去の値動きやパターンを調べ、取引システムを試験し、現在の市場で何が起きているのかチャートを研究するのに大忙しだ」

「なるほど……。そうすると、金持ちトレーダーはトレーダーというよりもむしろ科学者で、悪いトレーダーはトレーダーというよりもむしろギャンブラーという感じですね。金持ちトレーダーが科学的に実験と検証を通じて何がうまくいくか見つけ出そうとするのに対し、悪いトレーダーは道端に落ちているお金を楽に拾おうと探し回っているわけですね」

「個人的な経験から言わせてもらうと、投資にはポンとポケットに飛び込んでくるような楽に稼げるお金はない。今はもうはっきりわかるが、投資で得たお金というのはすべて、費やした労力と背負ったリスク、それから正しくポジションを管理したことから生まれているんだ」と金持ちトレーダーは言った。

「投資では常に価格変動の事実を取引するんだ。抱えているポジションを見て、それでもって株価の変動についての自分の見方を歪められてはいけない。君の取引システムと設定期間の中でパラメーターが示す範囲の中で、価格が自ら語るところに基づいて取引するんだ。市場に参入し、トレンドに乗り、反発で買い、トレイリングストップを設定し、損失が出たらそれは享受する。価格の動きが君の投資というバスを行く先に連れて行く。君の仕事は自分が正しいバスに乗っていることを確かめることだ」

「市場では今ある流れに従うことで儲けが生まれるんですね。儲かる戦略というのは、現在のトレンドの潜在能力を見極め、正しいポイントでそのトレンドを捕まえる。勝っているポジションは、決められた時間枠で価格が支持線を破ってストップロスが発生するまではそのまま行かせる。トレンドを捕まえるのに一番良い方法は価格変動に従うことで、見解を持つことではないですね。相場は自分が予想したよりもさらに続くかも知れないし、逆にトレンドになり損ねることもある。自分が間違っていたと判明するレベルに設定する機械的なストップロスでは、投資資金的にもメンタル面でもかなり救われることになります。ストップロスの設定は市場から撤退しろと機械的に示すわけですから、価格の動きとその都度押し問答するよりよほど良い計画と言えるでしょうね」

「相場が底を打って反転するという事実がまず生じて、それが確認されてから買いポジションを入れる方が、ここが底だ、ここから反発するはずだと予想しようとするよりよほど良い」

「価格変動を取引するための一つの重要な鍵は、自分が考えるようなことがこれから起きると予想するのではなく、参入のための確認サインが出るのを待つということですね」

「そう、その通り。成功する確率が高いのはたいていのケースで強気相場で買いを入れ、弱気のところで売りを入れることだ。この方法なら君は一定期間における流れに沿っていることになる。次のステップは勝っているポジションをトレイリングストップまで続けるか、あるいは失敗と判明してストップロスで損失を享受するかだ。これは予言とかの話ではない。反応の話だ。

　多くのトレーダーが犯す大きな間違いは、株価が高すぎると思って強気相場で売りを入れようとすることだ。強気相場ではインデックスも個別銘柄も日中の高値が日々更新され安値も日々上昇していくため、支持線レベルはあるが長期的な抵抗線が見当たらない状態になる。こうなると相場が反落して支持線を割りダウントレンドに転換するまで、儲けるのは買い方《かた》（株を買っている側の投資家を買い方という。強気筋・ブルとも。売り方は弱気筋・ベア。）ということになる。優れたデイトレーダーなら日中に売りを立てて儲けを削り取れるかも知れないが、大多数のスウィングトレーダーは支持線レベルで買いを入れたほうが良いだろう。そしてもちろん、トレンド追従型トレーダーならトレンドが続く限り買いを保持するということになる。常に長期的なトレンドの方向に順じて取引するんだ。利益はそちらに転がっている。長期的トレンドの反転に賭けるのは成功するよりも失敗する確率の方が高い」と金持ちトレーダーは言った。

「強気相場では強気のブルと一緒に走り、下降トレンドでは弱気のベアに乗るというのは、値動きに逆らって闘おうとするよりはよほど効率の良い投資姿勢なわけですね」と新米トレーダーは言った。

金持ちトレーダーはうなずいて言った。

「価格変動に反応して取引をすることで、もう一つ考えなければいけないのは、ボラティリティが周期的に変動することだ。日々の値動き幅が広がったり、ギャップができたり急激に価格が切り返したりした時だね。多くの取引システムは値動きが荒い相場だと瓦解してしまうことがある。特に短期移動平均線などを用いた短期的トレンドシステムはそうだろう。

他の取引手法に関して言えば、オプションのロングストラングルやロングストラドルは、反対に非常に効果的になるかも知れない。あるいはまた、そんな時には価格に含まれたボラティリティプレミアムを得ようとオプションを売るトレーダーもいて、ボラティリティが低いレベルまで落ちてオプション価格からプレミアムがはがれればそれで利益になる。価格がトレンドを描くのと同様に、ボラティリティやチャートパターンに現れる投資家心理でさえも市場でトレンドを描くというわけだ」

ロングストラドルとロングストラングル

Long Straddle & Long Strangle

オプション戦略の一つ。相場が上下どちらかわからないが大きく動くと予想される時に取られる戦略。

ロングストラドルはオプションの満期日と行使価格が同じコールとプットを買うこと。図の日経225オプションで、権利行使価格16,500円のコールを230円で1枚買い、プットを120円で1枚買うとする。日経225オプションの取引単位は1,000倍。すなわちこの場合は23万円＋12万円＝35万円がオプション料でこれが損失の上限。日経225が例えば16,850円に上がったとすると、コールオプションで35万円の利益が見込まれ（実際は満期日前なら反対売買での差金決済）、これが損益分岐点になる。逆に16,150円に下がれば、プットオプションで35万の利益が見込まれ、それを超える動きであれば上下どちらでも利益になる。上方向なら理論上、利益に上限はない。

ロングストラングルは行使価格を離してコールとプットを買うこと。例えば、図で行使価格16,750円のコールと行使価格16,250円のプットを1枚ずつ買う。プレミアムはそれぞれ95円と60円なので、支払うオプション料の合計は15万5,000円。コストは下げられるが、その分、利益を出すには大きな動きが必要になる。この場合の損益分岐点は上方向なら日経225が16,905円になる必要がある。

コール 売り気配	コール 買い気配	コール 現在値	権利行使価格	プット 現在値	プット 売り気配	プット 買い気配
10	9	10	17,250	-	675	640
18	17	18	17,125	-	555	525
32	31	32	17,000	415	440	415
55	50	55	16,875	310	320	315
95	90	90	16,750	225	250	230
150	145	150	16,625	155	175	160
230	210	225	**16,500**	115	**120**	115
320	300	315	16,375	80	85	80
425	395	-	16,250	55	60	55
530	505	-	16,125	40	41	40
650	620	660	16,000	29	30	29

11

○良い取引はトレンドを見極めたあとでそれに沿って行われる。
×悪い取引はトレンドと格闘する。

〝「トレンドとは何か？」という質問には次の質問で答えたい。「君の設定する時間枠は何だ？」〟

――リチャード・ヴァイスマン

「トレンドに沿って取引するのが儲かる方法で、それがまさに僕がしたいことだというのはわかりました。ですが、どうやってトレンドを見つけるんですか？」と新米トレーダーは尋ねた。

ある日の晴れた昼下がりで、二人は金持ちトレーダーの自宅のパティオでくつろいでいた。

「そうだな、それは状況による。その最初に来る要素が時間枠がどうかということだ。

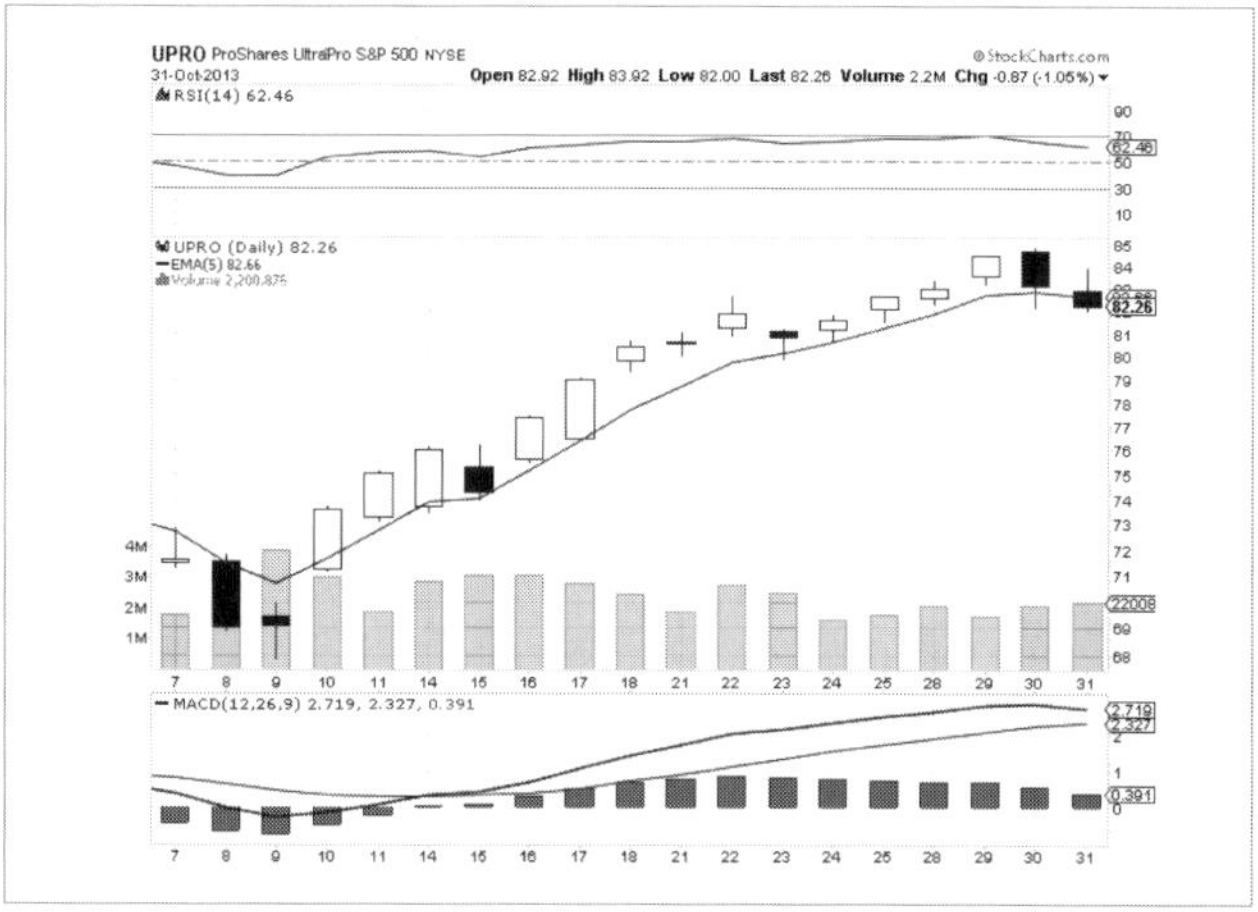

チャートサンプル 01　StockCharts.com より

長期的トレンド追従型トレーダーなら週足チャート、あるいは月足チャートを用いるかも知れないが、デイトレーダーなら日中の15分足チャートを使っているかも知れない。そのどちらでも儲けることはできる。鍵となるのは自分で決めた時間枠、期間の中での価格の方向性だ。その期間において支持線と抵抗線レベルを移動平均線などを用いて調査し定量化するんだ。エリオット波動を使うトレーダーもいるしフィボナッチ数列を用いて価格水準を算出するトレーダーもいる。簡単な方法はいくらでもある」

金持ちトレーダーはそう言って立ち上がると、若いトレーダー仲間を彼のオ

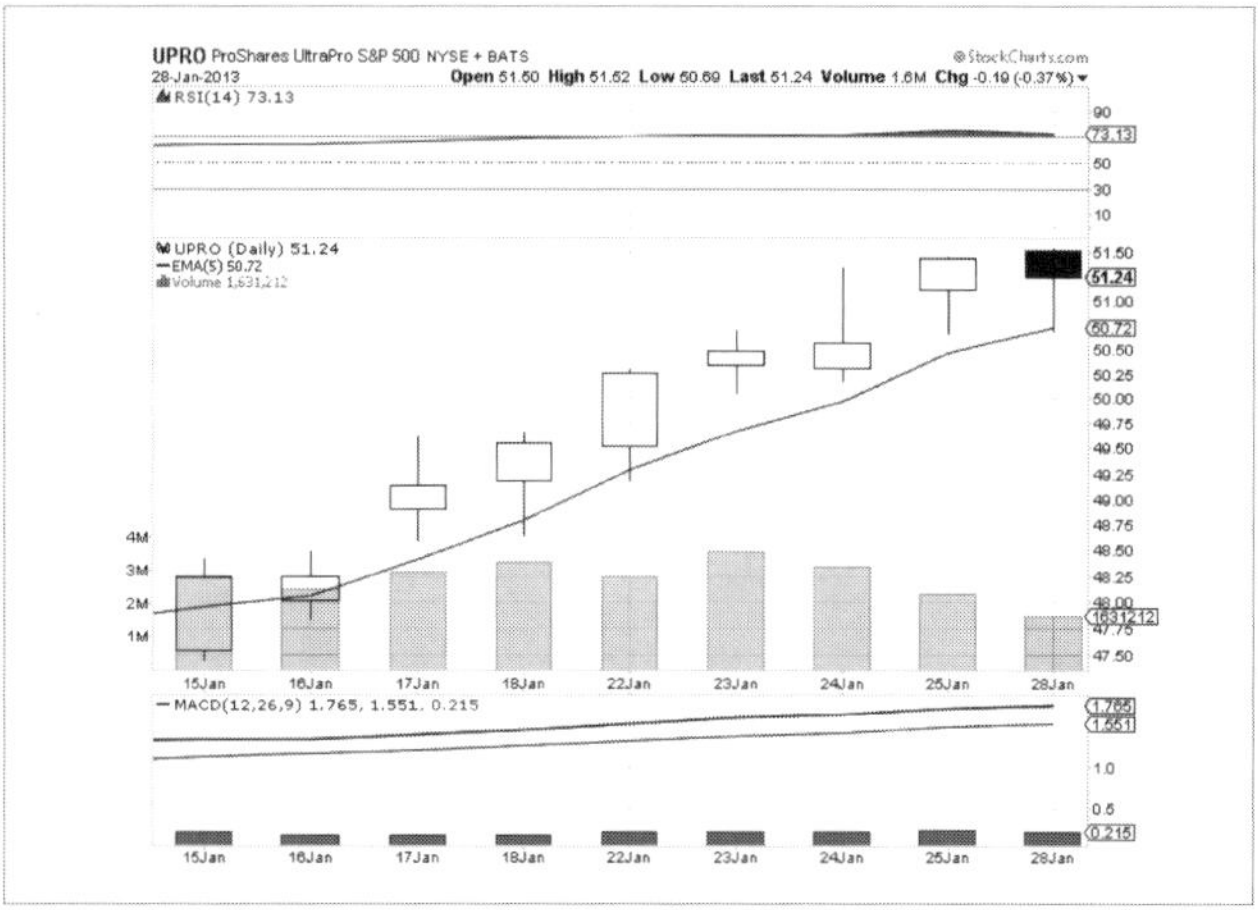

チャートサンプル 02　StockCharts.com より

フィスに招き入れた。そして、パソコンの前に座り、お気に入りのサイトにアクセスして日足チャートを表示させた。

・移動平均線は現在の価格が一定期間の価格の平均値との関係上、どのあたりにあるかということを示す一つの指標だ。当日の価格が例えば5日移動平均線よりも上にあるとすると、日足チャートのその時間枠内において上昇トレンドにある可能性がある。

・その時間枠内で日中の最高値が日々上昇していて、日中最安値も日々上昇しているのなら、相場は上昇トレンドに

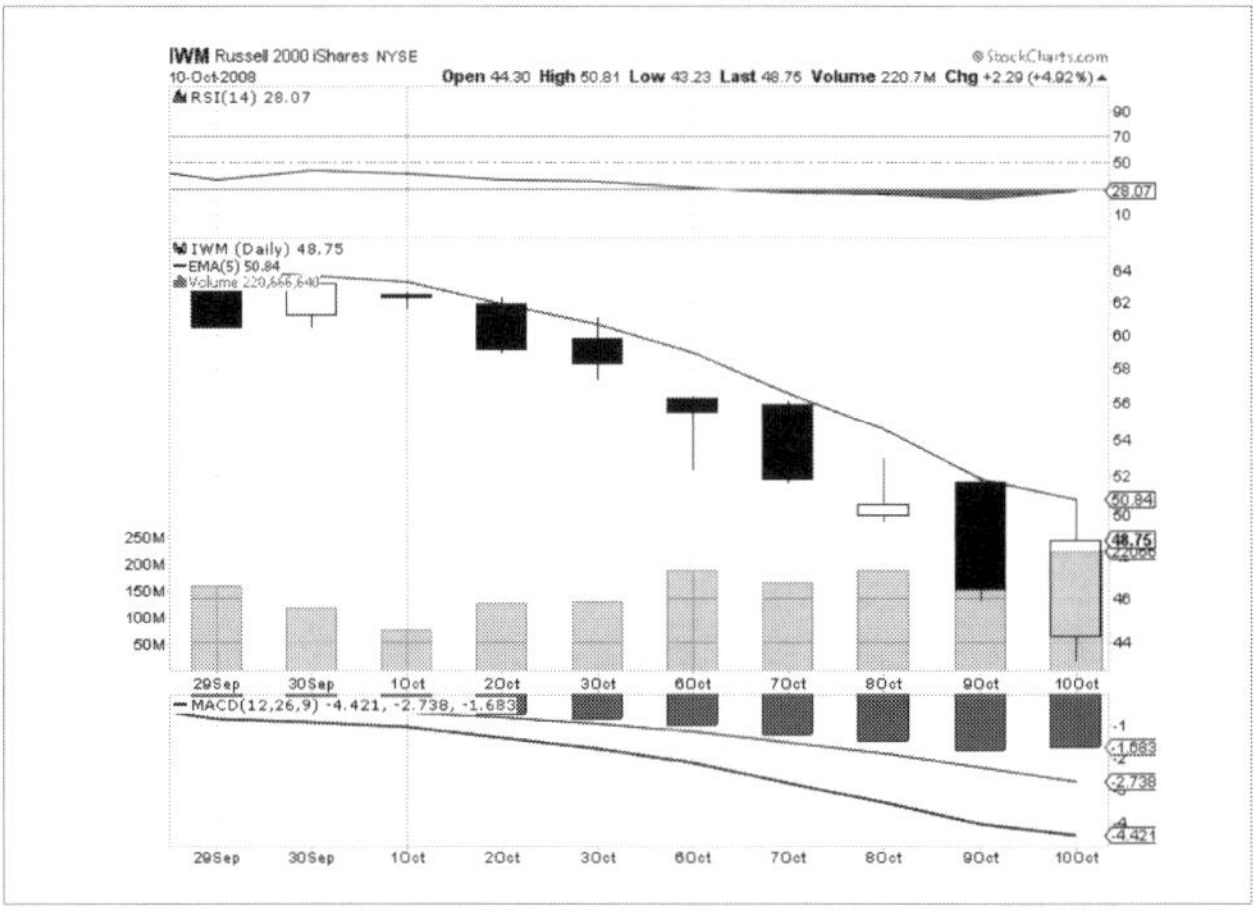

チャートサンプル 03　StockCharts.com より

ある可能性がある。

・逆に日中の最高値が日々下落し、最安値も下落しているのなら、それは下落トレンドの指標となりうる。

・取引レンジの抵抗線を超えての新高値、あるいは支持線を破っての新安値は、値固め期間を経て新たなトレンドが生じるシグナルになりうる。支持線を破って新安値をつけるということは、買い手は支持線レベルの値段では買いたいともはや思わないし、売り手はその時間枠で言えば支持線以下でも喜んで売るということを示している。

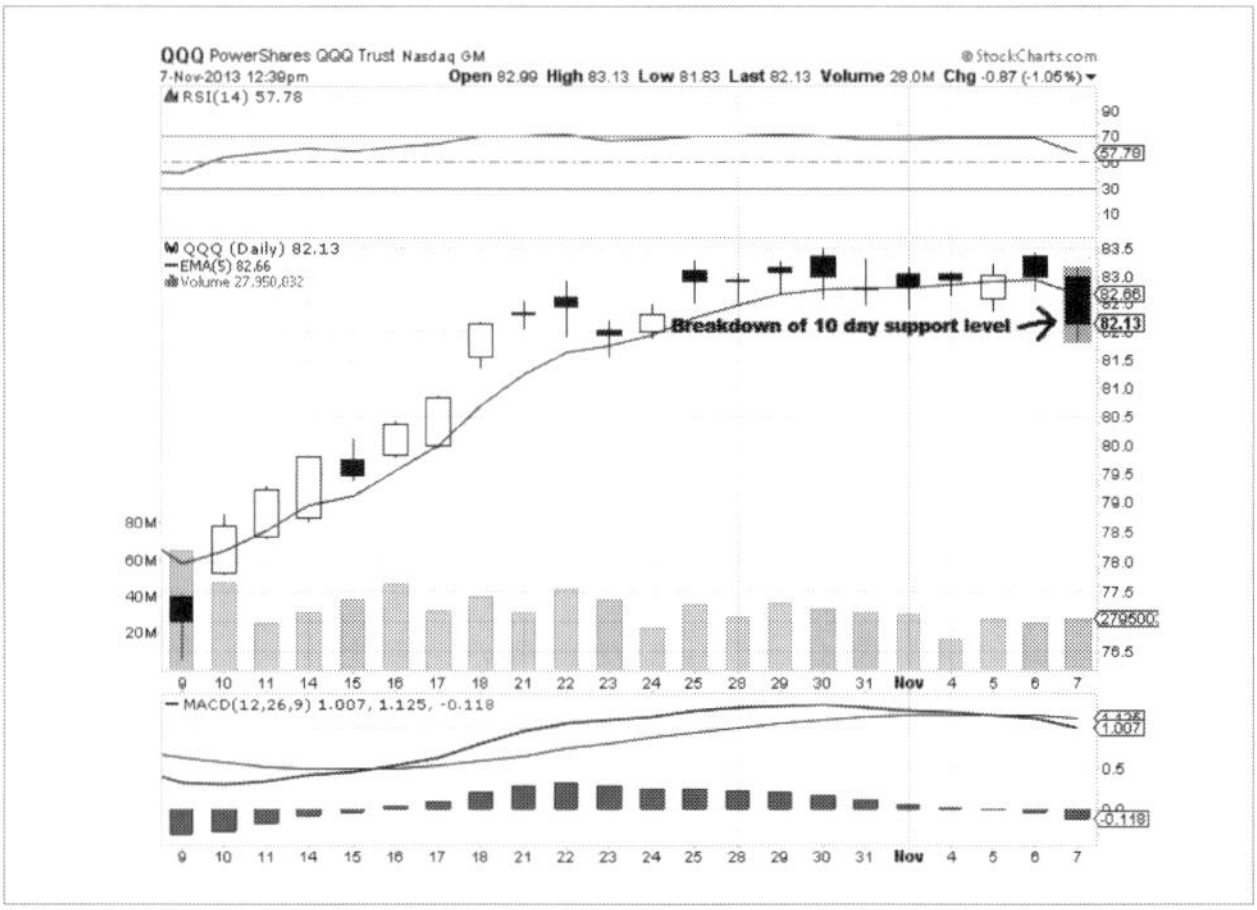

チャートサンプル04　StockCharts.comより

・抵抗線を突破すると売り手はもはやその抵抗線レベル以下では売りたいと思わないし、買い手は当然、それ以上でなければ参入できなくなる。

「トレンドに参入する一番良いポイントは、何か定量化できる変化が価格動向の中に見られた時だ。例えば、期間中の新高値だとか新安値だとか。過去最高値、過去最安値は多くのトレンド追従型トレーダーが好んで採用するポイントだ。すべてのトレーダーがトレンドを理解しようとしているし、手法がどんなものであれ、彼らは本気でトレンドに賭けて利

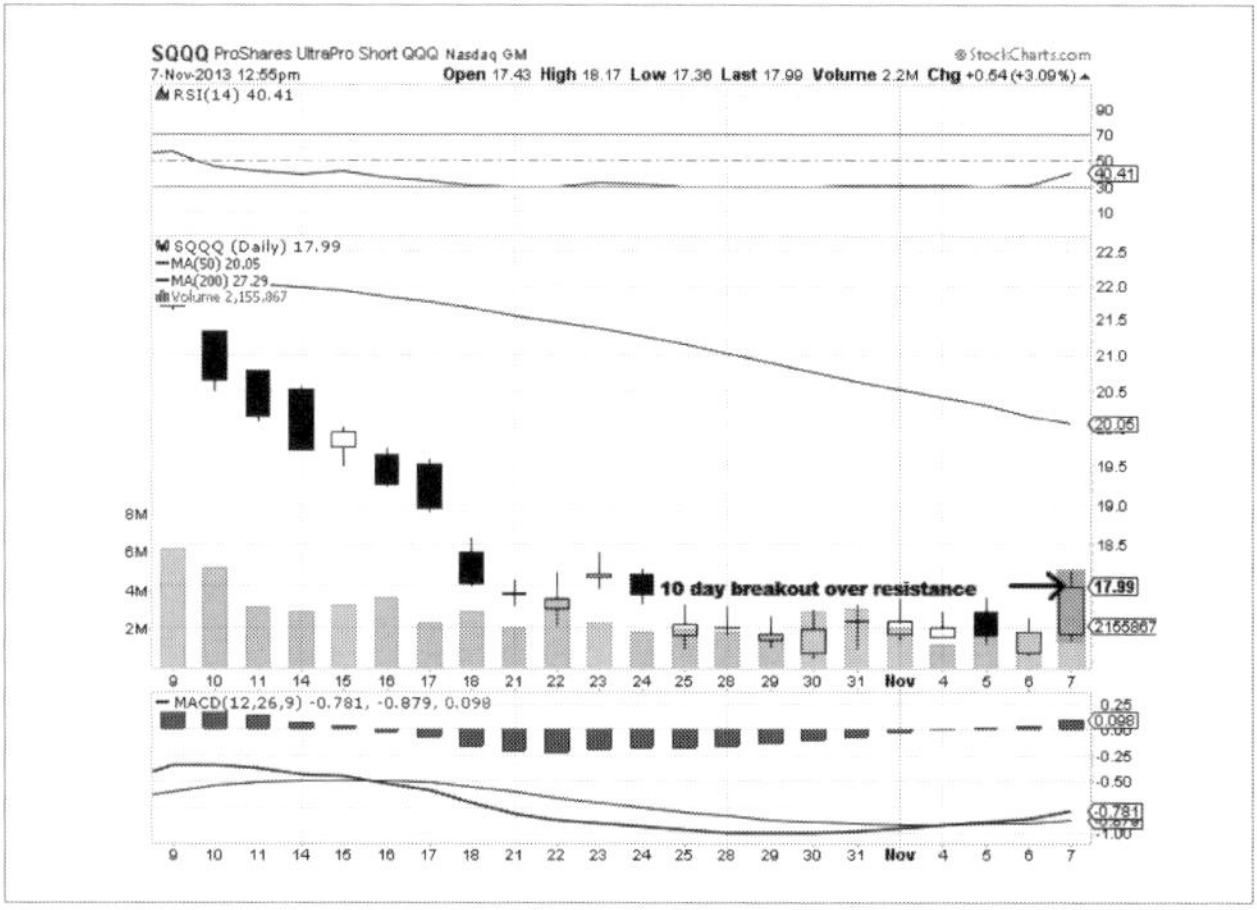

チャートサンプル 05　StockCharts.com より

益を得ようとしているのだ」

金持ちトレーダーはそう言って即席のレクチャーを続けた。

- 過去最高値で買うのは、価格帯突破で生まれる上昇トレンドをとらえようとしたものだ。
- 過去最安値で売るのは、価格帯突破で生まれる下落トレンドをとらえようとしたものだ。
- 底値を打って強く反転したところで買うのは、抵抗線への反転上昇をとらえようとしたものだ。
- 抵抗線レベルでの反落で売るのは、そこから支持線までの戻りで利益を上げ

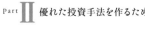

ようとしたものだ。
・価格が上下どちらでも行きすぎたところで反対方向の注文を入れるのは、相場が平均価格へ戻るトレンドをとらえようとしたものだ。
・アウトオブマネーのオプションの買い手は、権利行使価格にまで達する強いトレンドに賭けている。
・プレミアム目当てのオプションの売り手は、トレンドがすべて価格に織り込み済みで、それ以上にはならないことに賭けている。
・デイトレーダーは日中に生じるトレンドで利益を上げようとする。
・中期的トレーダーは日足チャートでのトレンドで稼ぐ。
・長期的トレーダーは週足チャートなどで大きなトレンドを探している。

金持ちトレーダーは振り返って新米トレーダーを見つめた。

「認める認めないは別にして、ほとんどすべてのトレーダーはトレンドトレーダーと言える。彼らは任意の時間枠の中でトレンドを発見し、それをとらえて儲けるためにどうやって定量化するかに力を入れている。相場に参入するポイントは価格動向に何か変化が起きて、それがどちらか一方への動きを示す可能性があることが確認されたあとの、勝つ可能性が高いポイントでなくてはならない。例えば投資資金のうちリスクにさらすのが1％で、そこで3％のリターンが見込まれるような、リスクに対するリターンの潜在的可能性が良い水準でなくてはならない」

「潜在的なトレンドを見出すために株価の動きにだけ注意する必要がありますね。こんな時に自分勝手な意見や他の誰かの言う銘柄を気にしている場合じゃないですね」

「君の取引手法が成功するかどうかは、トレンドを見出し、そこに参入し、そこから抜け出す君の能力しだいと言える」

「出口はどうやって見つけるんですか？」

「トレンドにはそれが続いている間、できるだけ長く留まっていたいわけだ。数多く経験する小額の損失を大きな勝ちでカバーしたいわけだから。そうすると、トレンドが終わりに近づいているかも知れないということを示す警告シグナルを探すことになるが……」

金持ちトレーダーはそう言って紙を一枚取り出すと話を続けた。

「日足チャートで取引をする際に、私が警告サインとして見る要素がこれだ」

・上昇トレンドにあった銘柄が、突然、ここ何十日かで初めて前日の安値を割り込んだ時、それは利食いをする良いタイミングか、もしくは警戒しなければならない時だ。
・同様に、下落トレンドにあった銘柄が、突然、ここ何十日かで初めて前日の高値を越えた場合、売り玉を手仕舞う良いタイミングか、もしくは警戒しなければならない。
・株価が短期的な移動平均線を下回り、終値でもポジションを取って以来初めてそのラインを下回った場合、私ならそこで手仕舞いする。
・ボラティリティが上昇し、日々の価格変動幅が広がった場合、買いポジションがあれば警戒し、売りポジションがあれば取引量を減らすかも知れない。
・支持線、もしくは抵抗線レベルを窓を開けて破った場合、手仕舞いする一つのシグナルだ。
・自分が乗っているトレンドに対して大きく窓を開けて反転したら、私はトレンドが終わりつつあると考え手仕舞いする。

「重要なのは理論とチャート解析に基づいて参入・手仕舞いを定量化するということで、個人的な見解でやってはいけないということだ。取引手法を計画したらそれに従い、何か学びがあればそれで調整し、トレーダーとして成長することだ」

新米トレーダーはうなずいて、金持ちトレーダーの見せてくれたリストをじっくりと眺めた。

「うーん、そうか……。ありがとうございます」

金持ちトレーダーは微笑んだ。

「なんでもないよ。そういえば、ジェーンとはうまくいっているかい？」

新米トレーダーは顔を赤らめた。

「え、何を言っているんです？　ジェーンとはもう何日も会ってすらいないですよ」

「そうか？　何かしたほうがいいと思うが……」

新米トレーダーは顔をしかめた。

「なんだって彼女とくっつけようとするんです……？」

金持ちトレーダーは哀れむような訳知り顔でいった。

「いや、君が寂しそうだから」

そう言われてしまうと新米トレーダーも反論できないのだった。

リチャード・デニス

Richard Dennis

[1949年1月〜]

「ピットの王子様（Prince of the Pit)」と呼ばれた米国の商品市場の投資家。シカゴに生まれ、17歳からシカゴ商品取引所でフロアトレーダーとして働いた。哲学の学士号を取り、一時は大学院進学も考えていたが、家族から1,600ドルを借りて商品相場に戻った。ミッドアメリカ商品取引所（2004年に閉鎖されシカゴ商品取引所に引き継がれた）の取引員になるために1,200ドルが必要だったので、当初の元手は400ドルだけだったが、1973年には資金は10万ドルを突破。翌年の大豆相場では50万ドルを稼いだという。デニスは成功する投資方法を人に教えることができると考え、友人でトレーダー仲間でもあるウィリアム・エックハルトとの議論に終止符を打つべく、1983年と1984年に23名のトレーダーを募集しトレーニングした。彼らはタートルズと呼ばれ、運用を任されたメンバーは5年間で合わせて1億7,500万ドルの利益を出したとされる。

12

○良い取引は自分が精通した取引手段で行われる。
×悪い取引は自分がその市場に不慣れなところで行われる。

〝私の戦略はうまくいっている。なぜなら私の戦略だからだ。私は自分のしていることの強みをよくわかっているし、より重要なことだが弱みも理解している。それがうまくいくのは私がそうしているからだし、困難にぶち当たっても私がそれにしがみついているからだ。アプローチを変え続けていたらうまくいくものはない。その道をマスターするには、スペシャリストでなくてはならない。あらゆる取引に手を出すようなヤツではだめだ〟

――マーク・ミネルヴィニ

「私が投資でお金を稼げているのは、投資している市場と使用している手法に関して私がトップレベルのエキスパートだからだ。私は株価の歴史的な動き、トレンド、チャート、市場環境の変化、ボラティリティ、季節性などの分析に何千何百という時間を費やしてきた。私が勝ったのがなぜかと言えば、私が他の大部分のトレーダーよりも調査研究を頑張ったマイノリティだからだろう。投資市場では、宿題をしていなかった投資家から宿題をこなした投資家へとお金は流れるんだ」と金持ちトレーダーは言った。

「それでは、儲けたいと思ったら他の競争相手よりも多くの宿題をこなさないといけないんですね」

「もちろん。スポーツ選手はたいていは最もハードに鍛えたアスリートが勝つわけだが、トレーダーも同じだ。取引する前に最も周到に準備したトレーダーは、たいていは市場で正しい側につくことになる。傍で見ている人がプロのファンドマネジャーやトレーダーの強運とも思えるパフォーマンスに困惑するのは、たいていはこうした今何が正しい取引かを学習し、過去データの検証など多くの宿題をこなしてその取引を遂行した結果なんだ」

「リアルタイムでの取引に移る前に、準備に十分時間を費やしたかと言えば、自分は確かにそうとは言えない感じがします。僕は数冊の本とあとはセミナーに1回出たくらいの表面的な知識しかなく、自分の投資手法が過去データでどんなパフォーマンスを出すのか十分理解しないままに取引を始めていました」

そう言って新米トレーダーはため息をついた。

「市場環境が変わった時に、それが自分の手法に及ぼすダイナミクスを完全に理解などしていませんでした。自分の投資手法についてエキスパートだと考えていましたけど、実はポケットに収まるくらいのちっぽけな知識とあとは過剰な期待でもって投資を始めていたんですね。トラックの荷台いっぱいに積むくらいの知識量と現実を見据える目が必要ですね」

金持ちトレーダーは微笑んだ。トレーダーなら誰もが犯す失敗なのだ。

「投資で成功できるように心からしっかりと知識をつけ、自分の信念を確固たるものにしなければならない。それがまた心の平穏にもつながる。自分のしていることがうまくいくとただ期待したってダメだ。自分のしていることがうまくいくという事実を知っているという状態にしなくてはならない。チャートのライン一本一本を見て、過去データの検証実験をして、あるいはプログラムを調整し、大量のサンプルを用いて自分のプランがうまくいくかどうかテストするんだ。自分がやりたいと思ったことが実際に使えると自分自身に証明するには、異なる市況の様々なポイントで行った十分大きな量のサンプルが必要になるだろう。こうしたことが必要なのは、自分の手法を学んでいる間に実際のお金を失うというトラブルから君を救うためだけではない。君は自分自身の中に長期的にこれがうまくいくんだという信念と決意をはぐくまなければならないんだ」

「なるほど、そうですね。結局のところ、信じるとか期待するとか自分のやっていることがうまくいくと考えることと、それが実際うまくいくと知っているというのは莫大な違いがありますよね。もし僕が自由裁量するトレーダーだったら、定量化もできないし自分がすることのテストもできないですよね」

「取引のすべてを定量化して試験することはできないが、似たような状況で何が起きるかは十分大きいサンプルを調べて確率を求めることはできる。インデックスがRSI75%を突破するのが過去20回で19回失敗していたら、次に同じ状況になった時、それを突破するのは20分の1、つまり5%の確率だと言える。たとえそこから上昇したとしても上方向へのリスクはもっと小さいと言えるかも知れない。こうした原則も取引手法に埋め込むことができる」

チャートサンプル06　StockCharts.com より

「ええっと、その例で言うと、S&P500のようなインデックス指標は主に平均へ回帰するタイプの指標だと思います。そこで、過去データから大多数の状況においてRSI75%が価格上昇にあたって抵抗線としてはたらいていることがわかったら、そして平均への回帰を狙ったシステムの投資であれば、それは売りを検討する非常に良いタイミングになるということですね？」

「その通り。そして、そうした指標を研究したことのない者には、価格の天井がどこなのかまったくわからないことになるだろう」

「僕はウォッチリストの銘柄を絞って、

幾つか取引手法も完全にマスターしなくてはならないですね」と新米トレーダーはつぶやいた。

「物事のリズムというか、傾向を見つけて過去の株価変動を理解すれば、きっとうまくいくよ。私が儲けたのは幾つかに絞って集中したからで、多くの銘柄と格闘したからではない」

「それらについて研究するには何に焦点を当てたらいいでしょうか?」

「そうだな……」

そう言って金持ちトレーダーは列挙した。

・典型的なパターン
・現在の取引レンジ
・支持線、あるいは抵抗線として意識される重要な移動平均線
・長期的な支持線と抵抗線
・異なるタイプのイベントに対して、過去どのような値動きを見せたか。
・一か月間での動きの特徴

・季節性
・月の最初の取引での動き
・トレンドを作る傾向にあるか、あるいは平均値を挟んだ動きなのか
・主要なテクニカル指標に対して、通常どのように反応するか
・一日の平均的取引レンジはどうか。
・一週間の平均的取引レンジはどうか
・一か月間の平均的取引レンジはどうか。
・その銘柄のオプション市場の流動性はどうか。
・ボラティリティの変動の過去データはどうか。

「そして言うまでもないが、最も重要な問題は、儲かるシステムを構築するためにこうした情報をどう利用するかだ」

「さあ、もう何をすればいいのかわかりましたよ。あとはやるだけです。古い集計表を捨てて仕事に取りかからないと!」

Part III

ゲームに留まるためのリスクマネージメント

〝長期にわたって生き延び繁栄するための重要な鍵は、テクニカルシステムに組み込まれた資金管理技術に関わるところが大きい〟

――エド・シコータ

13

○良い取引は全投資資金のうち１％しかリスクを負わない。

×悪い取引はリスク量の設定がない。

〝与えられた一連の変数ごとにランダムな勝ちと負けが発生し、それが優位性を決める。別の言い方をすれば、あなたは過去のパフォーマンスに基づいて、例えば次の20の取引のうち12の取引で勝ち、８の取引で負けるであろうことを可能性として知っている。知らないのは勝ちと負けがどういう順番で来るのかと、勝ちの取引で市場がどれほどの勝ち金を用意してくれるかだ。この事実によって投資は可能性、あるいは数字のゲームと化す。投資がシンプルに可能性のゲームだとあなたが本当に信じるなら、「正しい」とか「正しくない」とか「勝つ」とか「負ける」とかのコンセプトはもはや同じ意味を持たなくなる。結果として、あなたの予測というのは可能性と同調することになる〟

――マーク・ダグラス：Trading in the Zone

新米トレーダーが金持ちトレーダーに会いにカフェに行ったところ、ジェーンがちょうど出てくるところだった。彼女は青ざめた表情で調子が悪そうだった。

「ジェーン、大丈夫かい?」と彼は心配そうに尋ねた。

「ええ……大丈夫よ。私は元気。ありがとう……。私、今さっきひどい間違いをして……」

そう彼女は絞り出すようにつぶやいた。

「いったい、どうしたのさ?」

彼女は何か後ろめたいことがあるような様子で新米トレーダーを見た。

「私、損失がどれくらいになるか計算したこともなくて……。高値になった時の数字に有頂天になってしまってリスクも間違っているかも知れない可能性も目に入らなかったの」

「ああ、そうなんだ」と新米トレーダーは言った。

「それはつらかったね」

彼女は微笑んだ。

「私ったら、なんていうか……。あら、あなたはこれから食事するんでしょう。今の私の気分を話しても仕方ないわね。でも、正直言って、自分のパッと金持ちになろうなんていうバカなスキームに費やす時間の半分でもリスクマネージメントに使っていたらと思うわ。しかもそのスキームは使ってみるより、まずはもっと内容を知るべきだったんだけど、そうしたら多分私の学習曲線はもっと良い形でここを乗り越えられて、儲かるトレーダーへの道を進み続けられたのに」

新米トレーダーは微笑んで言った。

「心配することはないよ。きっと君は乗り越えていけるよ。買いを入れることや含み益の可能性にばかり注目して時間とエネルギーを浪費するのではなく、もっとリスクマネージメントに力を入れないとね。幾ら儲かるとか、そんなことばかり考えていたわけではないよね？　設定に問題はなかった？　買いシグナルは出ていた？」

彼女は目をむいた。青ざめていた顔に血色が少し戻ってきた。

「もちろんよ！」

「いや、そうだよね。そうすると君はまあ完璧な設定があって買いシグナルを見て、それが儲けるためのチャンスだと考えたわけだ。それで相場に参入して、それからは目標価格のことを考えてこれからどう株価が動くかと気にしていた。ここまではいい？」

「そうね、たぶん」

彼女は疲れたような笑顔を浮かべた。

「わかった。僕も実は同じことをしたんだ。投資で生き残りたいのなら、方法が正反対なんだ。最初に考えなくちゃいけないのは、連続で投資で失敗したとして何回損をしても口座を維持できるかということなんだ。これって決定的に重要じゃないか？なぜって長期的投資家だったら保有株をただ持ち続けていて、その価値が増減するだけだけど、僕らトレーダーは積極的に売り買いするから何度も何度も負けるうちに口座資産が削られて、ついには資産が壊滅的に減ってしまうかも知れないんだ。特にオプションや先物のようなレバレッジがより大きい取引をするトレーダーにとっては重要さ。過大な取引をして負け過ぎたら資金ゼロで終わるかも知れないし、それどころか追証が発生したり、オプションや先物を売ってたら証券会社に借金が残るかも知れないんだ」

「あら、そう。儲けようとトライもしないうちに生き残ろうと頑張らなきゃいけないわけ？」

新米トレーダーは肩をすくめた。

「ほとんどそういうことだよ。リスクを尊重しなかったり、破産の可能性を真剣に考えないトレーダーには、資産を吹き飛ばすという事態はとても現実的なものなんだ。破滅のリスクというのは、自分の口座残高が吹き飛ぶ可能性がどれくらいかということだけど、ほとんどの人は資産が50％減ったらもうおしまいだと考えるだろうな。元に戻すには100％の運用をしなくてはならないわけだし」

「100％で元に戻るってどういう意味？　50％儲ければ元に戻るんじゃや……？」

そう言って彼女はちょっと考え込んだ。

「あ、違うわ。確かにそうね。資金が失われれば、元に戻そうにもより少ない資金しか元手にないわけだから。減少分を複合的に考えなくてはならないのね。10万ドル持っていて、50％失ったら、5万ドルが残る。そこで50％のリターンで運用したら7万5000ドルにしかならないわ。倍にしなければ戻らないわけだから、つまりは100％の運用ということね。10％失ったら11％のリターン、20％失ったら25％のリターンを上げなければ元に戻らない。……75％失ったら300％のリターンってことじゃない！」

新米トレーダーはうなずいた。

「そうだよ。だから金持ちトレーダーがいつも僕にアドバイスしてくれるのは、一番最初の取引で失ったりするなということさ。資産を増やすことは、10%以上失ったところで奮闘するよりもよほどラクなんだ」

「ホント、これは見直さなくちゃならないわね……。自分のリスキーな取引をクールダウンさせなきゃ。どうしても勝ちたいと欲を張って頑張りすぎたのね。冷静にならなきゃ」

「まだ勝つ可能性はあるんだ。取引量と参入ポイント、トレイリングストップを管理するだけなんだ。僕が言いたいのはただ大きな損失だけはしてはいけないということ。1%以上、マックスでも2%以上を一つの取引で失ってはいけない。目減りした資産を取り返すのはとにかく大変なんだ。特に市況が悪くなって負けが続くような期間にぶちあたったりするとね」

「そうね、精神状態にも悪いし……」

そう彼女はぼやいた。

「金持ちトレーダーが以前僕に話してくれたんだけど、一度の取引に5%以上のリスクを冒すトレーダーは長期的には儲からない運命にあるって。5回損した場合、合計で25％資産が減るわけだろう。10回だったら50％だ。で、たとえ高い勝率を誇るトレーダーだったとしても、一年間通じての取引で一度も5回から10回連続で負けるということがないトレーダーというのはほとんどいないそうなんだ。そうした損が続く期間も生き延びられなくちゃならない。資産のうちのリスクにさらすパーセントを減らせば、生き延びる確率は劇的に上昇する。1％のリスクであれば、まともな取引システムを使っていればダメになる恐れというのはほとんどゼロになると思うよ」

ジェーンはうなずいた。

「そうね、もし私が間違っていれば失うのは投資資金のうちの1％だけ。逆に正しければ2％か3％……どのくらい正しかったかしだいで得られることになるのね。儲けの上限は開かれているけれど、損失はきっちり限られている。損をした場合は一定額になるはずで、そこからはみ出すような大きな損失は起きないわけね。はみ出すような数字があるとしたら当たった銘柄で得られるプラスの金額だけということね」

「そうだよ。損失が起きても首が絞まることなく、かつ勝った場合は大きな利益を生むような、そんな投資状況を作らなければならないんだ」

「損失はマックスで投資資金の1％にするという方法だけど、何かアドバイスはある？」と彼女は尋ねた。

新米トレーダーは言った。

「そうだな……。例えば、君の証券口座に5万ドルあるとする。そうすると、一回の取引で、それが間違っていたとしても500ドル以上は負けてはいけないことになるよね。そうしたら、取引をしたい銘柄のボラティリティを調べてみるんだ。毎週の値動きの幅が平均で5ドルだったとすると、君はこの銘柄については100株までしか取引してはいけないことになる。その銘柄の株価が現在85ドルだったとするよね。で、そこで君に買いシグナルが出たとすると、100株を買うことになる。ストップロス注文は80ドルに設定し、その一方で君はチャート上、その銘柄が支持線80ドルに対して100ドルに達する可能性があると見ている。これで実際に資金の1％のリスクを負って、チャート分析が正しければ、資金の3％を獲得しようとすることになる」

「なるほど。取引する前にリスク金額をまずは算出するのね。そして、実際に株を買う前にそこから取引量を算出するわけね」

「そう。そうすると、投資がうまくいかないトレーダーとは真逆のことをすることになる。リスクが最優先の課題で、そうすることで利益が確保できることになる。リスクマネージメントこそが投資の世界で生き残るため、そして長期的に利益を生み出すための聖杯なんだ」

「わかったわ。……ありがとう。とても役に立つアドバイスだったわ。なんだか私、若者バージョンの金持ちトレーダーと話しているみたいだったわ。本当よ」

そう言って彼女は笑った。

「あらまあ、こんな時間。私行かなきゃ。じゃ、またね」

「またあとで」

新米トレーダーはそう言って、立ち去る彼女の後姿を眺めた。金持ちトレーダーの方へ歩きかけて、なんだか温かいものが胸にこみあげてくるのを感じた。

金持ちトレーダーと比べられるなんて、おそらく今までで一番うれしい賛辞なんじゃないかと彼は思った。

14

○ 良い取引は3ドルを稼ぐために1ドルをリスクにさらす。
× 悪い取引は利益を上げようとして計画していた以上に損失を出す。

〝一日の終わりに考えることで一番重要なのは、自分がどれくらいリスクコントロールをうまくやったかだ。〟

――ポール・テューダー・ジョーンズ

「投資で成功するための最も重要な側面を知りたいかい？」

いつものように食事をしている席で金持ちトレーダーは尋ねた。

「もちろんです。聞きたいです」

「たいして魅力的なことでも派手なことでもないんだ。しかし、利益を上げることにつながる一つの鍵が確実にここにある。それは、〝多く得るためにリスクは少なく〟ということだ。もし君が資金の1％のリスクを負うというのなら、それは投資資金の少なくとも3％のリターンを得られるチャンスのためにそうするということだ。3ドル得られるという機会のためだけに1ドルを賭けるんだ。株価100ドルの銘柄を95ドルのストップロス注文の設定で買うのなら、それが115ドルに達するポテンシャルがある時だけにしなさいということだね。成功しているオプションの買い手が勝率50％でも利益を出しているのは、勝った時の金額が非常に大きいのでそれが損失をカバーできているからだ。同じようにトレンド追従型トレーダーが長期的に利益を上げるのは、非常に大きい勝ちが得られるように設定しているからだ」

そう言って金持ちトレーダーはコーヒーをすすった。

「ウォールストリートの格言に『負けポジションは短期で損切りし、勝ちポジションは走るままにさせろ』というのがあるが、この思考プロセスというのが投資手法において好ましい非対称性を生む。1対3のリスクリターン割合というのは、33％の勝率でも利益が出るし、25％しか勝率がなかったとしてもトントンになるということなんだ」

そう言って、彼は紙ナプキンの上に書き始めた。

負け　－１００ドル
負け　－１００ドル
勝ち　＋３００ドル

３回取引して勝率33%、＋１００ドルの利益が出て、リスクリターン割合は１対３だ。次に、

負け　－１００ドル
負け　－１００ドル
負け　－１００ドル
勝ち　＋３００ドル

これで勝率25%だがプラマイゼロだ。リスクリターン割合は１対３。もちろん手数料や約定価格の誤差はこの際考慮しないよ。さらに次の例では、

負け　－100ドル
負け　－100ドル
勝ち　＋300ドル
勝ち　＋300ドル

こうなると利益は400ドル。勝率50％でリスクリターンは1対3だ。

「つまり、取引システム上、リスクとリターンの割合を正しくキープできれば、勝率50％以上を必要としなくても利益を生み出すことはできるということだ。小さな損失を出しつつも大きな勝ちを得るということ自体が非常に有利なことで、これが利益につながるんだ」

「なるほど」と新米トレーダーは言った。

「勝ち負けが半分半分だとしても、割合をこのように設定しておけば非常に利益があがるリスクマネージメントシステムになりますね。リスクとリターンの割合を有利に設定できれば、資金管理という視点からも取引手法を堅固なものにできるし、ひいては破産するリスクも排除できる……」

「そうだ」と金持ちトレーダーは言った。

「こう考えれば、トレーダーは方法論として潜在的な上昇可能性が下落可能性の3倍あるようなタイミングを参入ポイントとする手法を見出すことに集中すれば良いということになる。

損失額を利益額と非対称にしておくことで、ほとんどの新米トレーダーが経験するであろう問題を軽減することもできる。つまり、市場の環境が変化した時に、以前通用した手法がうまくいかなくなり、そこでの数少ない大負けのために長期的に積み上げた利益があっという間になくなるというケースだ。リスクリターン割合の考え方は決して完璧な科学ではないので、取引手法やプランを立てる際にその範囲内でうまくいくかどうかはちゃんと青写真を描いておく必要がある。もちろん、相場では窓を開けて値動きすることもあるので、損失が計画よりも大きくなることもありえるし、それにも対処しなければならないが、逆に希望的観測としてトレンドに乗って含み益のポジションをそのままにすることで、想定する損失額の3倍を超えるような勝ちも起こりうる」

「1ドルリスクに3ドル利益。少しの利益を得るために大金をリスクにさらすことに比べたら、相場参入のダイナミクスにかなり変化が出そうです」と新米トレーダーは考え深げに言った。

「そう考えると、いくら可能性が高いとはいえオプションを売るのは考えものかも知れませんね。ランダムな異常値ともいえるイベントのために、一つの大損失で長期的な利益がすべて吹き飛びかねないのですから。オプションの買い手は、負けの連続があっても生き延びられるほど小さいサイズで取引していれば、いずれ一つの大きな勝ちをもぎ取ることでそれがそれまでの損失額の10倍、20倍になりえるから利益が出るかも知れないですね。オプションの買いは損失が限られている一方で利益の上限はない取引で、非対称性がもともとありますから、勝率の高いオプションの買い手はかなり利益が生み出せますね」

金持ちトレーダーはうなずいた。

「トレンド追従型システムがうまくいくのは、落ち込んでいく弱気相場や、あるいは放物線を描くような強気相場に沿う側に立って取引するからだ。これは魔法なんかじゃない。リスク管理をしつつ大きな利益を出せるという非常に好都合なリスクリターン割合があるからこそ儲かるんだ。トレンド追従型システムはトレンドが始まる可能性が高い時点で参入ポイントが見つかるようにデザインされている。トレンドが形成され損ねたら、ストップロスで少額の損失を出すことになり、そうしたらまたトライすることになる。多くのトレンド追従型システムは非常に低い勝率だが、同時に十分な時間があれば、巨額の勝ち取引がすべての損失をカバーしてあまりあることになる。これが利益が出ることの本当の理由なんだ」

金持ちトレーダーはそう言って、コーヒーがまた注がれるのを待った。

「トレーダーがトレンドを追う取引をしていようが、スウィングトレードをしていようが、デイトレードであれオプションであれ先物であれ、あるいは外国為替取引でもなんでも、利益を上げるというのはたった一つの真理に基づいている。それは全体的な利益額が損失の総額よりも大きいということだ。それがトレーダーに下される最終的なジャッジなんだ。損失の連続を生き延びながら、多くを得るために少額をリスクにさらすということが続けられるかい？　たとえ素晴らしい取引手法を持ち、正しい考え方で取り組んでいたとしても、トレーダーとして成功するかどうかの本当の最終判決はリスクマネージメントなんだ」と金持ちトレーダーは言った。

「これは自分の取引に対する見方が本当に変わりますね」

そう新米トレーダーは思案気に言った。

「50%の勝率はランダムで参入しても達成できるわけですから。常に勝ち続けることに重点を置くのではなく、損失を少額にしつつ大きな勝ちを見つけることに重点を置くのですね。小さな損が連続する中で、幾つか本当の大きな勝ちがあればそれでトレーダーは利益を上げられる。取引システムを構築する上で、僕は下落の可能性が限られたもので参入からトレンドを伴って上昇するような取引を探すべきで……。それからストップロスレベルまでの金額よりも3倍の利益が見込まれるような取引の可能性に着目するようにしないと。ということは、僕は取引の勝率に着目するのではなく、トレンドの発見と獲得に焦点を移さないといけないですね」

「すべての取引は、ある一定の時間枠の中でトレンドを見出してそこに賭けることと言っていい。しかし、利益はどうかといえば、それは失う金額よりも多く稼ぐというその一点から生まれるんだ」と金持ちトレーダーは言った。

ポール・テューダー・ジョーンズ

Paul Tudor Jones Ⅱ

［1954年9月28日〜］

米国の投資家。テネシー州メンフィス生まれ。1976年にヴァージニア大学経済学部を卒業し、取引所の事務員として働き始める。その後、大手綿花商社を経営していた親族の紹介で綿花先物市場でブローカーとして働いた。1980年にヘッジファンドのテューダー・インベストメント社を設立。1987年のブラックマンデーを予測し、大量の空売りを仕掛けて莫大な利益を手にした。フォーブス誌によれば2015年の投資収益は約1億ドルで世界のトップ25のファンドマネジャーの一人。また、所有資産額47億ドルは2016年版の世界長者番付308位の大富豪。

15

○ 良い取引は口座資産の減少局面でも取引プランに従って行われる。
× 悪い取引は連続で損したあとに一度で元に戻そうと大きく行われる。

〝負けが続く期間に取引をしようとするのは感情面で破滅的だ。「追いつこう」と投資するのは致命傷になりうる。〟

――エド・シコータ

「あらゆるトレーダーにとって最も危険な瞬間というのはどんな時かわかるかい？」と金持ちトレーダーは尋ねた。

「えっ、それはどんな時です？」

「10％以上の投資資産が目減りした際に、即座にそれを戻したいと思う時さ。口座残高が減ると心理的な痛みが感情を揺さぶり、エゴは失った資金をできるだけ早く取り戻すことで自分が偉大なトレーダーなんだと証明したくて仕方がなくなる。損失を早く戻したいということの感情的な切迫によって、新米トレーダーは更なる間違いの連鎖を引き起こすことになる。それはもっと経験を積んだトレーダーにとっても同じなんだ」と金持ちトレーダーは続けた。

「完全さを取り戻し、失うという精神的な痛みから逃れようとして、トレーダーは取引プランを放り出して自由になろうとする。リスクマネージメントや適切な取引量などに煩わされることなく素早くプラマイゼロに戻したいと願うんだ。資産を10％減らすことになった取引プランよりも、自分の意思決定プロセスやそこで作り上げた見解の方が優れていると信じ込み、そこで一気に熱病に冒されてしまう。プラマイゼロに戻すために一つ大きく当てようとなるわけだ。だから、負けが込んでいる時に彼らの取引サイズは増大していく。彼らは間違った方向に運転しているのに、ブレーキをかけて減速すべきところで思い切りアクセルを踏み込んでしまっているんだ」

「それが起こりうるのは実感としてよくわかりますね」と新米トレーダーは言った。

「でも、負けが続く期間でそれって一番やってはいけないことですよね？」

「その通り。一般的に、しっかりしたシステムのもと明確な取引プランを適切な取引量でやっているとしたら、資産の減少というのはむしろ単純に市場が取引手法と現状で合致していないという機能的作用でしかない。より小さなポジションで取引するべき時で、市場の力学が自分の取引タイプに戻るまで我慢するべき時なのだ。大量の取引は常に大きな損失につながる。それはただ時間の問題で、今起きるかいずれ起きるかというだけだ。資産減から脱するには取引プランにしがみつき、生き延びるということだ。幾つか大きな取引で当てて、ヒーローになろうなどと考えてはいけない」

「はい。それが僕の弱点だと思います。取引する度に損をしたりするとなんだか別人格に変わってしまうようで。だいたいは市場の力学が突然変わる時なんですよね。それまでトレンドがあったのが荒い値動きになったり、レンジ内の動きだったところにトレンドが生じたりとか。そうなると突然、自分が作った最高の取引設定が機能しなくなってしまうんです。底値で買ったはずが株価がさらに沈んでいったり、抵抗線突破で買ったはずがその勢いが続かなかったり、あるいはボラティリティが急騰してポジションサイズを減らさなければならなかったり。負け取引が連続すると感情とエゴが発動して、勝っている時期には休眠していた雑音が湧き上がって来るんです」

「そうだね。しかし、そうした小さなささやき声に耳を貸してはいけない。君は自分の取引プランと方法論を信じなければいけないんだ！　頭の中でウジウジつぶやく声ではなくてね。プランに従い感情とエゴを排する能力、これが金持ちトレーダーと新米トレーダーを分ける一線なんだ」と金持ちトレーダーはいつもとは違う険しい声で言った。

「損失を受け止め、負けが続くような時期をどう切り抜けるかは、他のなによりも君がトレーダーとして成功するかどうかを決める。高い勝率の取引システムであっても、正しく損失を扱うことができなければうまく機能することはない。トレーダーは資金はもとより感情をマネージメントできなければ成功することはできない。ほとんどのトレーダーは理由はどうあれ規律を破ってフリースタイルで取引した時に失敗する。トレーダーとしてのサバイバルは市場への参入、手仕舞い、リスクマネージメントにおいて規律を維持する能力にかかっている。それが破られれば、最終的な破滅へとカウントダウンが始まるんだ」

「おっしゃる通りですね」と新米トレーダーは答えた。

「胸にグッと刺さりました。僕は何かすることがないと退屈してしまう性格をなんとかしなくてはならないですね。設定したシグナルが出た時だけ取引して、市場の状態によって取引できない時は何か別のことを探してするようにしないと。負けが込んでいる時に多く犯した間違いは、お金を取り戻すために何かしないではいられないという欲望というか焦りからきていたと思います。何もしないで映画を見たり本を読んだりするのがなんだか自分の主義と合わないような気がしていたんです」

「まあ、気持ちはわかるが。我々が投資で稼ぐのは単に何かをして稼ぐというわけではなく、正しいことをして稼ぐんだ。そして、時には正しいことというのは何もしないことだったりする。トレンド追従型トレーダーは含み益があるポジションをそのまま走らせなければならない。彼らは値動きが激しい市場は激しいままに放置しなければならない。資産減から抜け出すにはシンプルに小さく小さく、また勝ち始めるまで小さく取引して、勝ちが続き始めたらまたその機能しだしたシグナルに応じて普段のサイズに戻すんだ」と金持ちトレーダーは言った。

「連敗状態に入ったら、資金的にも感情的にも、メンタルの面でもダメにならないようにするのが肝心だ。何回も連続で負ける状態で資産が減ったら、取引量を半分にして出血を止めるべき時だ。増やすべき時ではない。それでも損が続いたら、通常サイズの4分の1にしなさい。連敗局面ではできるだけ少ない金額の負けに抑え、連勝局面でできる限り大きく勝つのが肝要だ。大きく取引することで連敗を複合的な損失にしたくないし、勝ちを最大化するために機会を逸することはしたくない」

「そうすると、プラマイゼロに戻りたいという焦燥感を、まずは損失をなるべく小さく収めておこうという望みに置き換えるわけですね。罠を察知してチーズに飛びつかないようにしないと」と新米トレーダーは言った。

「トレーダーが、お金を稼ぐ可能性よりも危険性をあらかじめ見出すことができれば、そのトレーダーは投資において新たなレベルに達したと言えるだろう。もし君の口座資金がマイナスに沈んでいたら、それは最も危険な時期で、なぜならプラスに早く浮上しなければいけないと君自身が感じてしまうからだ。君は自分が良いトレーダーなのかどうか、自分の手法が機能しているかどうか自分を疑い、自己批判を始めるだろう。コースを外れずに進むには君は自分自身とシステムに十分な信頼を持っていなければならず、その場合は口座にとってできるだけ小さなダメージで済むように抑えつつ、再び勝ちが始まるまで忍耐強く取引を続けなくてはならない。連敗の時期でもトレーダーはその投資決定を感情や意見に基づいて行ってはならない。状況に関わらず、事実と計画に基づいて取引しなければならないんだ。計画に欠陥が生じて微調整の必要が生じたら、取引時間外で事実に基づいて論理的になされるべきで、金を失ったことによる感情的な反応や、特定の突発的市場環境に基づいて調整してはならない」

新米トレーダーはうなずいた。

「では、溺れているような感じがし始めたら、パニックに陥ったり手をバタバタさせたりせずに、冷静さを保って泳ぐことだけに集中するというわけですね。連敗状況から脱出するには、できるだけ小さなポジションで取引を続け、いずれ来る勝ちの流れをつかむ。単なる連敗の状況を、感情的な取引でより大きな連敗に変えてしまったら確かに難しくなります」

「その通りだね。連敗状態で資産が減っている際に犯す最大の危険は、トレーダーが感情面でもメンタル面でもヤケクソになってしまい、絶望的に最悪な取引をしてしまって、連敗状態を経済的な破滅に変えてしまうことだ。トレーダーは資産を失ってもカムバックできるが、プレッシャーにさらされながら正しい判断ができるかどうかについて完全に自信を失ってしまった場合は戻って来ることができなくなる」

「なるほど。よくわかりました」

新米トレーダーはごくりと生唾を飲み込んで肝に銘じるのだった。

16

○ 良い取引はマイナスは限られているがプラスに上限はない。
× 悪い取引は際限のないリスクに限られた利益があるだけだ。

〝本当に重要なのは、損失は小さく切り捨て、利益はそのままに伸ばすことで儲けるのだということをあなたが理解しているかどうかだ。そうすれば常にプラス期待の投資システムを作ることができる〟

――ヴァン・サープ

「どうなんでしょう？」

そう新米トレーダーは言って、皿の上の料理をフォークでつんつんとつついた。

「いわゆる投資の聖杯というものにトレーダーが一番近づいたとして、それって取引システムでもって損失を非常に小さくし、勝ちを非常に大きくするということだと思うんです。結局のところ、トレーダーは勝率が非常に低かったとしても、勝った時の金額が非常に大きければ利益になるわけですから。対照的に勝率が非常に高い取引システムがあったとしても、損が大きければダメですし。高い勝率を誇るシステムでさえもストップロスと適切な取引量で損失をマネージメントできていなければトレーダーの証券口座の壊滅につながりかねないですよね。思うに問題はどうやったら損失をできるだけ小さくできるかということで……」

「ふむ。取引に参入したら、もしそれが間違っていた場合にどこで手仕舞いになるかは正確に知っておかなくてはならない。ストップロスで手仕舞いする価格は通常の価格変動のすぐ外で設定しなければならないだろう。例えば重要な支持線のすぐ下だとか、主要な移動平均線の数%下とかだね」

そう言って金持ちトレーダーはコーヒーをすすった。

「最も大きい損失がどうやって生じるかと言えば、一般的にはトレーダーがあまりにその取引に自信を持ちすぎているか、あるいはトレーダーが出口戦略を持っていないか、または最初のストップロス計画を採用せず株価が持ち直すことを望んで保持してしまうことで生じる。これが巨額の損失を生む典型的パターンだ。不適切なポジション取りと同時に過剰に大きく取引をすれば、君は安全ネットがない中で綱渡りをすることになり、損失は愕然とするほど巨額になりかねない。これが失敗する投資シナリオなんだ」

新米トレーダーはうなずいた。金持ちトレーダーは続けた。

「損失をコントロールする別の方法は、失っても問題ない資本だけを取引に使用するという方法だ。株式に投資する際に、一つのポジションに対し口座資金のうちの10％だけを投入するんだ。例えばオプショントレーダーであれば、資金のうちの1％もしくは2％でオプションを購入する。それがリスクだが、損失はそこに限られており、同時に論理的には得られる利益の潜在的な可能性は無限大となる」

「その通りですね……。それで、大きな勝ちを得る方のテクニックはどうですか？」

「そうだな。大きく勝つ取引をするためには、素晴らしいタイミングで参入しなくてはならない。主要な支持線で反発した時に、安全性が確認できるくらいわずかに離れた直後とか、がっちり決まっていたプライスレンジを外れて上昇を始めた時とか。あるいはチャートパターンとして、カップ・ウィズ・ハンドルとか、フラッグ、ペナント、ウェッジなど、参入ポイントとして今後に一定の時間枠でトレンドを生じる高い可能性があるエントリーポイントを提示しうるケースもある」

金持ちトレーダーはそう言うと、ジェーンがコーヒーを注ぎ終わるのを待った。

「ちゃんとしたポイントで参入したら、ストップロス注文を取引が間違ったと判明するようなレベルで設定する。それは設定した時間枠において、日々の値動きの中で生じる単なるノイズで締め出されてしまうような水準ではいけない。ストップロスはポジションを保持し続けられるくらい十分幅を取って、株価が上振れもしくは下振れしたくらいではじき出されてしまうような幅でもいけない。しかし、同時に損失が十分小さくなるように、失敗した際に享受できるくらい狭くする必要もある。せっかく良い取引に入ったのだから、多少のノイズや反対方向へのぶれで簡単に振り落とされないようにポジションサイズの調整も必要だ。

一旦、正しくポジションを取ったら、あとはそれをできる限り伸びるに任せるんだ。これをやる一つの方法は目標価格を設定するのではなく、トレイリングストップを設定することだ。短期的な移動平均線をストップロスに設定したり、パーセント設定のトレイリングストップは、相場が反転してそれらの変動するストップロスに舞い戻るまで設定価格を更新し続けてくれることになる。そうすればそれが続く限りトレンドに乗っていられることになり、勝手な予想や勘で手仕舞いしてしまったり、あるいは目標価格に達したことであまりに早く相場から出てしまい、その結果、巨大なトレンドを逃すなんてことがなくなる。トレンド追従型トレーダーや大なり小なりトレンドに追随する人々が非常に利益を上げやすい理由は、商品やインデックスや成長株などについて、通常を逸脱するような値動きを見せた時にその可能性について本当に開かれている取引プランを持っているからなんだ。値動きの正しい側にいれば、トレーダーの人生を変えかねないような、少なくとも彼らの資産規模を半永久的に変えてしまうような大きな相場というのは確かに起こる。**重要なのはトレンドの終わりを値動きが表すままにチャート上に示させろということだ。**勝手に決めつけたり予想を立てたりして、時期尚早に利食いしたりせず、本当に相場が反転してトレンドが終わった時に利益を確保するんだ」

「うーん、まさしくトレンド取引といった感じですね」

「そうだな。トレンド追従型トレーダーと大なり小なりトレンドを追おうとするトレーダーの取引手法は、まさに生まれながらにしてこれをシステマチックに行おうとデザインされているわけで、すべてのトレーダーは負けポジションを小額でロスカットし、勝ちポジションをそれが続く限り伸ばすことで恩恵を受けられる。例えば、スウィングトレーダーが主要な支持線レベルで買いに入ったとする。ところが、そこが破られて下落トレンドが始まれば、彼らはそこで損切りをしなければならない。しかし一方で、その買いポジションが支持線レベルから抵抗線レベルへとぐんぐん値上がりし、そこを破ったとしたら彼らはトレイリングストップを設定し、スウィングトレーダーだからといって安易に手仕舞いせず、伸びるに任せることもできるんだ」

新米トレーダーは皿を下げにきたジェーンに向かって微笑んだ。

「そしてまた……」と金持ちトレーダーは話し続けた。

「オプショントレーダーで言えば買い手を考えてみればいい。買い手側は、オプションの買いに必要なコストが損失の上限だから、最初から非対称性が組み込まれている。そこにはレバレッジが利いているし、彼らが例えば原資産が上昇するトレンドのままにコールオプションをキープできれば、利益が増大することについては上限がない。そんなわけで多くのタイプのトレーダーが小額の損失、多額の利益という点をうまく活用しているんだ。トレンド追従型トレーダーだけじゃない」

「それでは、こうした潜在的な大きなトレンドをどこで見つけたらいいでしょう?」

「トレンドを生じさせる主要な原動力は恐怖と強欲だ。トレーダーの金を得たいという欲望、あるいは金を失いたくないという恐怖は、高値更新、あるいは安値更新という状態が長期間続くような本当に強いトレンドを作る原因の大部分を占めているんだ。毎年のようにそれぞれの相場サイクルにはテーマがあって、強気相場も弱気相場も様々に違った形で繰り広げられている。それは金や原油、通貨や株式市場全体に現れるかも知れないし、あるいは世界を変えるんじゃないかと信じられている成長株などにも現れる」

新米トレーダーはうなずいた。金持ちトレーダーは続けた。

「私は超長期的な値動きに現れる強いトレンドを探すね。例えば金はそれ独自の強気相場でトレンドを描いて上昇を続けるかも知れない。なぜなら不換通貨は最終的には中央銀行が紙幣を刷りすぎてダメになるという考えが一般に広まっているからだ。あるいはかつて放物線を描くように上昇していた原油相場で言えば、生産量がピークで原油不足の可能性が迫っているという思いは1バレル150ドルへと相場を押し上げていたかも知れない。成長株では、市場がその製品やテクノロジー、あるいはビジネスモデルが完全に世界を変えるかも知れず、あるセクター、または産業界を完全に塗り替えて成長する可能性を信じれば、非常に短い期間に2倍、3倍、あるいはそれ以上に上昇しうる。私の仕事はそうした恐れや欲望を発見し、大きな利益を出すためにチャートに基づいて取引をしてそのトレンドに参加することなんだ。もちろん、損失を小さくし続けることは言うまでもないが」

「それはまさにトレンド追従型ですね。その他に何かおすすめの取引テクニックはありますか?」

「これまでここでこうして会話しながら説明してきた原則はすべての時間枠で、ほとんどあらゆる手法について当てはまる。もし君がデイトレーダー、あるいはスウィングトレーダーになろうとするのなら、ウォッチリストは幾つかに絞るべきだろうな。そして、自分の取引手法のエキスパートになってそれをマスターするべきだろう。君が宿題をこなし、価格を調査して一つのものを何年も取引していれば、そのこと自体が他者に対して優位になる。なぜなら君は自分が取引しているものの個性や特徴、重要な価格水準でどう動く傾向があるか、異なる指標に対してどう動く傾向があるか正確に知っているからだ。

忘れてはいけないのは、投資での利益とは、すべての勝ち取引の合計がすべての負け取引の合計よりも大きいことから生まれるということだ。これが他のなによりも意識して注意しなければいけないことで、なぜならそれが君の取引手法の他の統計数値がどうであれ利益が上がるかどうかを最終的に決定付ける要素だからだ。大きい勝ちと小さい負けとが君の投資という旅をすべて違うものに変え、君が投資でお金を得るか、あるいは損失を通じて他のトレーダーたちに授業料を払い続けるかを決めることになる。すべてのトレーダーは物事を定量化しようと試み、リスクと感情とエゴをマネージメントしつつ自らの時間枠の中でトレンドをとらえようと試みる。それが投資の核心なんだ」

「なるほど、わかりました」

新米トレーダーはそう言って椅子に座りなおすと、いつものウェイトレスを目で探した。

彼は今日、個人的にあるリスクを取ろうと決めていた。彼女にデートを申し込もうと思っていたのだ。

17

○良い取引はその取引設定における最適な取引量で行われる。

×悪い取引は感覚、経済的窮状、あるいは根拠のない自信から行われる。

〝私は口座資産を吹き飛ばした数多《あまた》の連中と話をした。小さな損失を何度も繰り返してそれで口座残高がゼロになったなんて話をした者は一人としていなかったと思う。資産を吹き飛ばしたというストーリーには間違いなく不適切に大きなサイズの取引が絡むか、あるいは価格の劇的な変化か、時にはこの二つが複合して絡んでいる〞

――D．R．バートンJr．

新米トレーダーが金持ちトレーダーを訪ねたのは雨の降る風が強い水曜日だった。今回は彼は傘を持っていた。

二人はTVの前にくつろいでいたが、ニュース番組にはたいして注意を払っていなかった。

「君の取引が正しいという可能性がベストだと思える時は、その時はフルサイズで取引をするんだ。様々な市場環境における異なる取引設定がもたらす基本的な確率を理解しておくことは非常に有利だ。注目されている成長株が決算発表後に窓を開けて上昇する確率と、その月の3回目の抵抗線トライで過去最高値へ突破する確率は違う。インデックス指標が支持線で3度目の反発を見せた際に買いに入って成功する確率は、抵抗線を突破したあとの過去最高値への上昇を目指す確率とは異なる。異なるチャートパターンと異なる株式銘柄はそれぞれ個性を持っていて、トレーダーが十分宿題をしてこうした力学を理解しておくことは重要だ。君がしたいのは正しい時に最も大きいサイズで、間違っている時には最も小さいサイズで取引したいわけだ。これはそれぞれの参入ポイントが機能するかどうかの基本的な確率を知っているからこそできる」と金持ちトレーダーは言った。

「それは設定の質の違いということですか？　トレーダーはその確率によって違うポジションサイズにしなければならない？」

「そう、その通り。一つの例だが、私が取引する場合、売りの場合は買いよりもかなり取引量を小さくしている。売りをするというのは歴史的に超長期にわたる資本の流入に対して、基本的に抵抗しているという点があるし、下降トレンドは短期間になる傾向があって、市場全体が弱気相場でも一時的な上昇で簡単に破られやすい。買い側の長期的なトレンドは傾向としてもっと滑らかで、ポンと価格が反転するようなことも少ない。なぜならシンプルに資本の流れに沿って取引しているからだ」

「あなたにとって非常に確率の高い取引は何か、例を挙げてくれませんか？」

「私が好んでいる取引の一つに、成長株の取引がある。一か月間の株価レンジのベースを破って過去最高値圏に上昇している銘柄で、そこから決算発表につながって行くというタイミングだ。またもう一つは、やはり成長株で決算発表後に窓を開けて上昇した場合だ。もちろん、こうしたタイプの取引では、その銘柄の会社が非常にユニークで、かつ何か世界を変えるような施策がありそのため多くの買い手が殺到するような、ファンダメンタルとしてそんな会社である必要がある。フルサイズと言ったが、もちろんそれでもボラティリティと口座残高に基づいた取引量決定でもって資金の1％以上のリスクは負わないよ」

金持ちトレーダーはそう言ってドアの方を見た。誰かが来るのを待っているようだ。

「非常に確率が高い設定によって最大限のポジションで取引したいと思うのと、欲望にかられて口座資産を吹き飛ばすリスクを負うのとでは大きな違いがある。長期的に生き延びるためにはこの違いを理解しておくことは非常に重要だ。ほとんどの新米トレーダーは破滅するリスクの数学的な可能性を理解していない。破滅のリスクは取引ごとにリスクにさらされる資本と勝率でもって計られる。勝っている取引についてどれほど確実だと君が思ったとしても、破滅しかねない取引サイズで君の口座資金をリスクにさらすようなまねは決してしてはいけない。最大の取引サイズで取引したとしても資金全体の1％のリスクを負うだけにして、通常ならそれを0・75％とか、あるいは0・5％にするとかね。もちろん、こうしたパラメーターは君自身の取引プランによる個人的な選択ではある」

「いや、よくわかりました。僕にずっと教えようとしてくれていることはすべて、シンプルに僕を正しい方向に進むように指し示してくれているんですね。僕にシステム自体とか投資手法そのものを教えてくれるのではなくて」

「投資は非常に個人的な生業《なりわい》なんだ。人生の他のいろいろなことと同様にね。もし君が結婚相談所みたいなところへ行って、結婚相手をどう探したらいいのか、どうしたら幸せな結婚ができるか尋ねたとしたら、カウンセラーは自分の妻を差し出すわけではないだろう？　そうではなくて、彼は普遍的で重要な原則を君に教えてくれるはずだ。君が自分自身の妻を探し出せるように、デートをうまくやって、婚約し、どうしたら幸せな結婚生活にこぎつけるか普遍的な原則を教えてくれる。カウンセラー自身がどうやって妻を見つけてどうしたか、彼が用いた特定の方法は君には当てはまらないかも知れないのだから。なぜなら君は違う人間だし、将来妻となるであろう人も別の人だからだね」

新米トレーダーはこれを聞いてぴくっと眉を持ち上げた。ちょっと変わった比喩に思えたが言っていることはよくわかる。

「人と人との関係で言えば、そこには普遍的な原則がある。相手の言うことに耳を傾けるとか、コミュニケーション能力、相手を尊重すること、それからロマンス。同じことが取引にも言える。投資の普遍的な原則はリスクマネージメント、投資心理、優れた投資手法ということだ。どちらについても詳細な部分では違いがある。ある人の妻は赤いバラの花束を好んで、また別の人の妻はブラックチョコレートが好物で喜ぶかも知れない。これはそのどちらかが悪いという意味ではない。単に彼らの意見の違いであって、どちらの妻も幸せで、夫は両方とも成功しているかも知れない」と金持ちトレーダーは言った。

「成功しているトレーダーはすべて同じ原則を使っているけれど、それでも異なる方法論に基づいているから彼らは皆違うんだと考える？」

「そうだ。様々なレベルでそれは真理だね。投資心理やリスクマネージメント、リスクリターンの考え方やトレンドについて同意しているトレーダー同士でさえ、自分の特定の方法論がなぜベストなのかと宗教的とも思える熱意で議論が白熱することがある。相手の欠陥を指摘しあったりして、相当アツくなることもあるな。あるトレーダーが他のトレーダーの手法について全く知らなかったりすると、敬意を欠いてしまって誤解も出やすいからね」

「ホントですね」と新米トレーダーはつぶやいた。

彼のブログはそれで炎上してしまったことがあり、どう書き込みしても空回りしたものだった。

そんなことを考えていた時だった。不意に入り口のドアが開いた。入ってきた人物を見た新米トレーダーは驚いて混乱した表情を浮かべた。

「ジェーン？」

彼女は新米トレーダーを見ると笑って手を振った。

「あら、こんにちは。私、父さんに渡すものがあってちょっと寄ったのよ」

「え、君の……」

新米トレーダーは目を丸くして金持ちトレーダーを見つめた。

「君のお父さん？」

「もちろん」

金持ちトレーダーはいたずらっぽそうに微笑んだ。それから彼女の方を向いて大袈裟に顔をしかめて見せた。

「それにしてもジェーン、傘を買うお金もないのか？」

エド・シコータ

Ed Seykota

［1946年8月7日～］

米国の商品先物トレーダー。1969年にMITの電気工学理学士を取得。コンピューターを活用したシステムトレードの先駆者として有名。当時まだパンチカードを利用してデータ入力をしていた時代に、IBMのコンピューターを用いてシステムトレードの手法を構築。勤めていた証券会社がそれを採用し成功した。彼が開発に取り組んだのは、世界で初めて先物ファンドを手がけ、トレンド追従型取引の父とも言われたリチャード・ドンチャンの記事を読んだことが契機とされる。また、エドウィン・ルフェーブルの著書“Reminiscences of a Stock Operator”にも強く影響を受けたと言うが、この本のモデルはジェシー・リバモアである。

You Can Still Make It In The Market

by Nicolas Darvas

『バビロンの大富豪「繁栄と富と幸福」はいかにして築かれるのか』

（ジョージ・S・クレイソン　グスコー出版）

The Richest Man in Babylon

by George S. Clason

Invest like a Billionaire : if you are not watching the best investor in the world, who are you watching?

by Warren Buffett and George Soros

『ニュートレーダー×リッチトレーダー　株式投資の極上心得』

（スティーヴ・バーンズ　竹書房）

New Trader, Rich Trader : How to Make Money in the Stock Market

by Steve Burns

『私は株で200万ドル儲けた』

（ニコラス・ダーバス　パンローリング）

How I Made $2,000,000 in the Stock Market : Now Revised & Updated for the 21st Century

by Nicolas Darvas

Stock Options : The Greatest Wealth Building Tool Ever Invented
by Daniel Mollat

Show Me Your Options! The Guide to Complete Confidence for Every Stock and Options Trader Seeking Consistent, Predictable Returns
by Steve Burns, Christopher Ebert

How I Made Money Using the Nicolas Darvas System, Which Made Him $2,000,000 in the Stock Market
by Steve Burns

TRADING SMART : 92 Tools, Methods, Helpful Hints and High Probability Trading Strategies to Help You Succeed at Forex, Futures, Commodities and Stock Market Trading
by Jim Wyckoff

How to Get Followers on Twitter : 100 ways to find and keep followers who want to hear what you have to say
by Steve Burns

訳者あとがき

２０１６年の株式相場は暴落で始まった。原因は中国経済の先行き不安とわずか４日で撤回されたサーキットブレーカー導入の失敗、原油相場の下落に中東の政情不安、さらには日銀によるマイナス金利導入の混乱と材料に事欠かないのだが、当然ながらタイムマシンにでも乗らない限り、これらの動きを予想することなどできはしない。仮にマイナス金利導入を知っていたとしても、そもそもは株高演出を期待して発表されたわけで、それが短期的に円高株安という逆の結果を生むことになると予想できただろうか。とは言え、〝予想〟からは一線を画しているはずの我らの新米トレーダー。きっと損失をきっちりと小さく抑え、取引システムの見直しを検討しつつ、慎重にポジショニングをしているはず……と思いたいところだが、さにあらず。彼は相変わらず株価の動きに一喜一憂しているようだ。膨らむ損失にビクビクして早々に撤退してしまったりする。年明けからのこの下落局面で、もし本書の新米トレーダーが取引していたとしたら、彼が買いポジションをしっかり損切りできたかどうか、かなり怪しいところだろう。もっとも、恐怖に駆られて投げ売りしたことで、塩漬けの憂き目は見ずに済んでいるかも知れないが。

そんなわけで、本書は第2弾なわけだが、第1弾をお読みでない読者もきっと問題なく新米トレーダーと金持ちトレーダーの会話に参加いただけると思う。新米トレーダーが成長していないわけではない。原理原則は繰り返し語られ、彼も十分それを承知している。第1弾の『株式投資の極上心得』では、比較的、取引システムの構築についても具体的に新米トレーダーの取り組みが書かれていた（そうは言っても方向性が一例として示されている程度ではあったが）。本書ではよりメンタル面が重視され、自分の採用した手法に一貫して従う重要性が繰り返し説かれている。それもそのはずで、いかに優れたシステムを開発しようと、トレーダー本人が錯乱してしまったら、本丸を落とされた城同然である。であればこそ、あれほど勉強した新米トレーダーがまず切実にこう訴えるのだ。

「……損をしたら、いったいどうやってそれを受け止めるんです？」

投資を経験された読者なら、その気持ちは非常によくわかるだろう。これに対し、金持ちトレーダーは、まず損とはいったい何なのか考え直す必要があると答えた。こう書くと禅問答のようだが、本書は非常にわかりやすい。損失は出して当然と第1弾でも書かれたことだが、本書ではさらにリスクマネージメントの視点も加えて、それがあくまで投資活動の一環にすぎないことを説明している。これほど執拗に語らなければならないほど、投資活動におけるトレーダーの精神管理は重要で、かつ難しいのだ。

そこを乗り越えれば、あとはトレーダーと目的地を隔てているのは時間だけになる。なぜなら、リスクリターン割合の非対称性により、速度はどうあれ投資システムは一貫してプラスを積み上げられると見込めるからだ。これこそが完全プラス期待システムである。思えば、何も考えずランダムで注文を出したところで、上がるか下がるかだけで見れば50％の確率で勝てるはずなのだ。それなのに負けてしまうとしたらなぜなのか。勝っている人は何が違うのか。そこに、相場を予想するのではないリアクティブ派トレーダーにとってごくごく当然な、それでいてなかなか理解しえない普遍的な方法論が埋もれているのである。

本書を読めば、努力を厭わない読者なら力強く励まされ、気持ちも新たにこの波乱相場に立ち向かえるだろう。読者はもう知っているのだ。自らの努力とそれに裏打ちされた規律を保つ精神があれば、完全プラス期待システムはもうそこに見えている。
勝っている時も負けている時も、折に触れて本書に立ち戻り、自分を見つめなおすツールとしても活用いただきたいと思う。その時あなたのポジションはニュートレーダーとリッチトレーダー、どちらの側に近いだろうか。

オブリーク山岸

株式投資家必携！
投資で勝つために
必要な考え方が
この一冊でわかる！

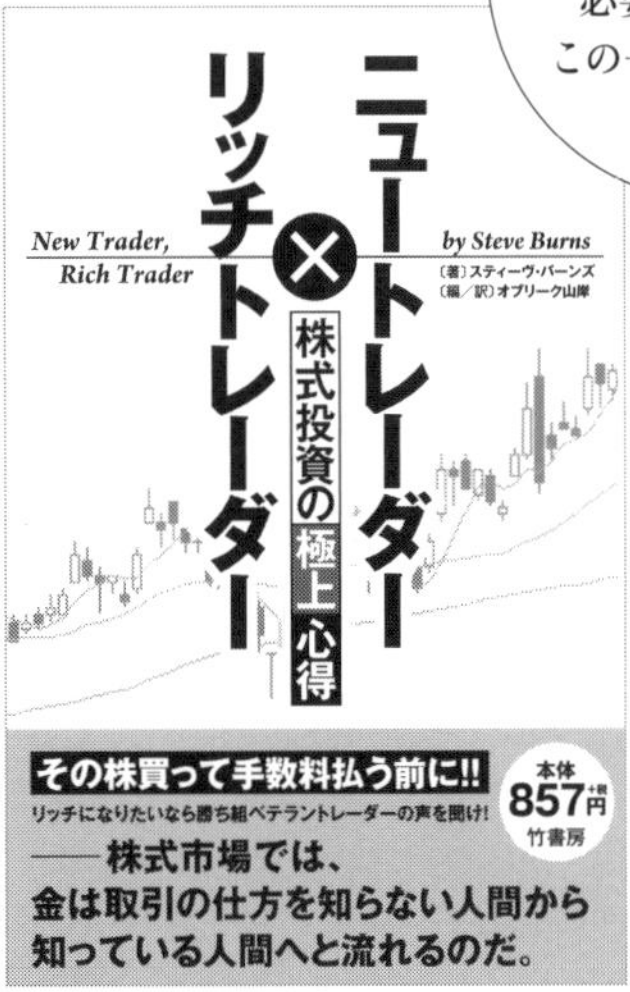

ニュートレーダー×リッチトレーダー
株式投資の極上心得

著：スティーヴ・バーンズ
編集／翻訳　オブリーク山岸
定価　本体 857 円＋税

軽い気持ちで取引を始めた新米トレーダー（ニュートレーダー）は、参入するやいなや相場の洗礼を浴びてしまう。いったい彼は何を間違っていたのか、どうすれば良いのか。彼は知り合いの金持ちトレーダー（リッチトレーダー）を訪ね、投資家心理やリスクマネージメント、投資手法についてのアドバイスを繰り返し受け、本物のトレーダーを目指して成長する。長年にわたって勝ち続けている著者の叡智が凝縮された投資指南書。

スティーヴ・バーンズ Steve Burns

本書の著者、スティーヴは1990年代後半より株式市場で成功を続けている。BN Publishingより著書が6冊（主要なオンライン書店にて入手可能）。Amazon.comでコンスタントにトップ500レビュアーにランクされており、投資関連本におけるトップレビュアーでもある。また、DarvasTraderPro.comにおいてダーバスシステムのトップトレーダーとしても紹介された。TraderPlanet.com、Traders' Online Magazine、SeeitMarket.comへの寄稿多数。投資関連書籍のレビューはBusinessInsider.comにも取り上げられた。スティーヴのNewTraderU.comブログはForexfactory.comや会員制サイトTheKirkReport.comでも頻繁に紹介されている。またウォールストリートジャーナルのオンライン版でインタビューが掲載された。彼は現在、テネシー州ナッシュビルに、妻マリアンヌと5人の子供たち、ニコル、マイケル、ジャンナ、ケリー、ジョセフと孫娘アリッサとともに住んでいる。

ジャンナ Janna

物語が大好きな小説家。第一弾『ニュートレーダー×リッチトレーダー　株式投資の極上心得』の共著者でもある。本書のキャラクター設計とプロットは彼女のスキルの賜物だ。

ニュートレーダー×リッチトレーダー

完全プラス期待システム

二〇一六年四月二十一日初版第一刷発行
二〇二一年六月二十五日初版第二刷発行

著　者――スティーヴ・バーンズ
編集／翻訳―オブリーク山岸
発行人――後藤明信
発行所――株式会社竹書房
〒一〇二－〇〇七五　東京都千代田区三番町八－一
三番町東急ビル六F
email:info@takeshobo.co.jp
http://www.takeshobo.co.jp

ブックデザイン―はんぺんデザイン
印刷・製本―共同印刷株式会社

Printed in Japan 2021
ISBN 978-4-8019-0694-5 C0033